EDITORIAL

Nach Istanbul kommt, wer alles haben will: farbenprächtiges Durcheinander auf dem Basar, gelassene Ruhe eines vom Islam strukturierten Lebens – und eine sich immer wieder neu erfindende Clubszene wie in Berlin oder New York. Die etwa 14 Millionen Einwohner sind weltläufig und kleinbürgerlich, bettelarm und steinreich.

Istanbul ist überwältigend. Dass die Stadt noch immer nicht kollabiert, schließlich kommen jedes Jahr 500 000 Neubürger hinzu, ist ein Wunder. Jeden Morgen bis um neun und jeden Nachmittag zwischen fünf und sieben das gleiche Bild: Der Verkehr steht still, nichts geht mehr. Doch die überfüllte Metropole hat auch eine herzliche Seite. Sie zeigt sich in der Freundlichkeit der Menschen, ihrer Neugierde auf den Reisenden, ihrer Fragelust: Woher kommst du? Wie heißt du? Bist du verheiratet? Wie viele Kinder hast du?

Gastfreundschaft ist Teil des Lebens. Da ist der Taxifahrer, der stundenlang die Hotels der Stadt nach einem Fahrgast absucht, um ihm die im Auto verbliebene Geldbörse zurückzubringen; die Frau, die, als sie nach dem Weg gefragt wird, ihre Autotür öffnet und sagt: Das findet ihr nie, steigt ein, ich bringe euch hin; der Vorsteher des Derwisch-Ordens, der das Kloster und sein Herz öffnet und den Fremden zum Tee bittet. Alles passiert, und von den MERIAN-Reportern erlebt.

Ihre

Margot Weber

Margot Weber, Redakteurin der Istanbul-Ausgabe

Mit MERIAN eine Reise gewinnen

Goldene Tage in Istanbul: MERIAN und ÖGER TOURS verlosen eine fünftägige Reise für zwei Personen in ein Vier-Sterne-Hotel inklusive Flug und Ausflugspaket „Golden Days". Infos unter **www.merian.de**

LANCIA
LANCIA LYBRA INTENSA
MIT NEUEM KRAFTVOLLEM 2.4 COMMON RAIL TURBODIESEL MOTOR
Exklusive Innenausstattung in Leder und Alcantara · Leichtmetallfelgen · ESP · BOSE® Sound System
Dual Zone-Klimaanlage · ABS mit EBD · Lederlenkrad mit Bedienelementen · www.lancia.de
SPÜREN SIE DIE DYNAMIK. LEBEN SIE DIE EMOTION.
SELENIA

LANCIA

EXCLUSIVE EDITION

INHALT

SCHAUPLÄTZE

OST UND WEST

SINNESFREUDEN

68 **4500 Läden in 60 Gassen, 20 000 Händler und Helfer: Istanbul hat den größten überdachten Basar der Welt**

46 **Filmproduzentin Elif Yüceel: nach der Rückkehr aus Deutschland neues Glück in Istanbul**

18 Transkontinentaler Blick: Hinter den Kuppeln der Neuen Moschee verbindet sich das Goldene Horn mit dem Bosporus

86 Fantasie ohne Grenzen: Westliche Künstler malten sich aus, was hinter den Mauern des Harems geschah

56 Traditionelle Hochzeit im islamischen Viertel: In Eyüp bestimmt der Glaube den Alltag

PERSPEKTIVEN

RUBRIKEN

Titel: Kuppelspitze und Minarett der Blauen Moschee, im Hintergrund das asiatische Üsküdar, fotografiert von Guido Mangold

MERIAN-SERVICE-MAGAZIN

Texte: Jürgen Gottschlich

Autorin Hilbk, Basaris

Eine Woche war **Merle Hilbk** (Foto) für ihre Reportage im Großen Basar unterwegs – und ließ nach dem ersten Anfall von Kaufrausch die Kreditkarten im Hotel. Interviews, Teerunden und Mittagessen mit den Basaris verhinderten weiteres Shoppen. Im Koffer zurück nach Hamburg befanden sich immerhin zwei Schals, ein Pullover, Gewürze, Tee und ein Stich aus dem 19. Jahrhundert. (Seite 68)

Fotograf Türemiş

Die Großmutter von **Ömer Erzeren** lebte in Istanbul, und mit ihr verbindet der Autor der Bosporus-Geschichte die Erinnerung an eine unbeschwerte Kindheit am Wasser: mit dem Schiff fahren, Badenachmittage und Besuche im Freiluftkino mit Eis und Popcorn. Später lebte er selbst 16 Jahre in Istanbul, erst in Kuzguncuk, dann in Galata – aber stets mit Blick auf den Bosporus. Heute hat er eine Wohnung in Berlin. Und auch da ist das Wasser nicht weit: Erzeren wohnt am Landwehrkanal. (Seite 52)

Die Metropole am Bosporus ist ihm seit Jahren zweite Heimat: Fotograf **Murat Türemiş** (Foto) ist zwar in Kirchheim unter Teck aufgewachsen, aber seine Mutter stammt aus Istanbul. So sind ihm das islamische Stadtviertel Eyüp und der Große Basar, wo er für MERIAN fotografierte, wohlvertraut: Auf dem Basar etwa kaufte die Familie stets noch einmal groß ein, bevor es zurück nach Deutschland ging. (Seite 56 und 68)

Koch und Autor Trebes

Er hat für das *FAZ-Magazin* und *Die Woche* Kolumnen geschrieben und kocht für Joschka Fischer: **Klaus Trebes** (Foto), Inhaber des Frankfurter Restaurants „Gargantua“. 1966 reiste der Gourmet-Koch zum ersten Mal in die Türkei – und ist auch heute noch begeistert: „Die türkische Küche hat zu Recht den Ruf, eine der großen Hochküchen der Welt zu sein.“ Sein Tipp: das „Tike“ in der Hacı Adil Caddesi 4 Aralık Sokak 1 in Levent. „Ein großstädtisches Lokal mit klassischer, aber modern gehaltener Küche.“ (Seite 78)

Kartenredakteur Münch

Normalerweise helfen die Daten der MERIAN-Kartographie **Peter Münch** (Foto) bei der punktgenauen Platzierung der Magazin-Adressen auf Stadtplänen. Istanbul war noch nicht erfasst, also wurde der Redakteur zum MERIAN-Scout. In der Metropole legte er 50 Kilometer zu Fuß zurück, machte Polizisten, Taxifahrer und Schuhputzer zu Informanten und widerstand mancher Verlockung: Das Angebot eines Händlers – Teppich gegen Eintrag seines Ladens in die Karte – lehnte Münch dankend ab. (Seite 131)

Schröder, Özdamar, Wolf, Grass

Die Schriftstellerin **Emine Sevgi Özdamar** ist in der Türkei geboren, lebt heute in Berlin und schreibt in deutscher Sprache. Ihre beiden großen Romane „Das Leben ist eine Karawanserei“ und „Die Brücke vom Goldenen Horn“ (beide Kiepenheuer & Witsch) sind eindringliche Porträts Istanbuls als Drehscheibe zwischen Orient und Okzident. Im Januar dieses Jahres wurde sie von Gerhard Schröder eingeladen, gemeinsam mit Christa Wolf und Günter Grass vor 200 Gästen in der Sky Lobby im Bundeskanzleramt zu lesen. Eine neue Form des Gedankenaustausches sei das, sagte der Kanzler. Özdamars neues Buch, „Seltsame Sterne. Wedding-Pankow 1976-77“, erscheint im Frühjahr 2003, wiederum im Verlag Kiepenheuer & Witsch. (Seite 31)

PATEK PHILIPPE
GENEVE
Wer möchten Sie
in den *nächsten* 24 Stunden sein?
XII
PATEK PHILIPPE
GENEVE
VI
Twenty~4®
by Patek Philippe
Weitere Informationen: Deutsche Patek Philippe GmbH, Briennerstrasse 12 A, 80333 München. Tel: (089) 28 67 620. www.patek.com

Zentrum der Neustadt: der Taksim-Platz

Stadtgeschichte

Drei Teile, drei Namen

Um 600 v. Chr. gründeten die Griechen Byzanz (Byzantion). Nach einem kurzen Zwischenspiel als Nova Roma wurde die Stadt 324 n. Chr. in Konstantinopel umbenannt. Nach der Eroberung durch Mehmet II. 1453 setzte sich bei den Türken der Name Istanbul durch – offiziell erst 1930. Bis weit ins 19. Jahrhundert existierten alle drei Bezeichnungen nebeneinander.

„Constantinopel, großer Karfunkel, auf drei Seiten in Diamanten des herrlichsten Wassers gefasst", beschrieb der Orientalist Josef von Hammer-Purgstall 1822 die Stadt. Vom Bosporus, der 31 Kilometer langen Meerenge, wird sie in eine europäische und eine asiatische Hälfte geteilt. An seiner schmalsten Stelle liegen nur 660 Meter Wasser zwischen Orient und Okzident. Zwei Hängebrücken und reger Fährverkehr verbinden die Kontinente miteinander. Das 7,5 Kilometer lange Goldene Horn (Haliç) unterteilt wiederum die europäische Seite: Stambul, die Altstadt, erstreckt sich über sieben Hügel im Süden; Galata, das frühere Genuesenviertel und heutige Beyoğlu, liegt im Norden. Die ehemalige Grande Rue de Péra, die heutige İstiklal Caddesi, ist die Hauptachse der Neustadt und endet am Taksim, dem Zentrum des modernen Istanbul. Von dort führt die Cumhuriyet Caddesi in die westlich geprägten Viertel der Stadt.

Zwischen Europa und Asien der Bosporus, zwischen Stambul und Galata das Goldene Horn, ein 7,5 Kilometer langer Meeresarm

Nicht versäumen

1. Ayasofya. Hagia Sophia, die schönste Moschee der Welt, seit 1935 Museum. Sultanahmet, Di-So 9-16 Uhr.
2. Schatzkammer im Topkapı-Palast. Juwelen, Throne, Chronometer, Dolche. Mi-Mo 10-17 Uhr.
3. Alexander-Sarkophag. Im 4. Jahrhundert für einen phönizischen Würdenträger angefertigt, 1887 entdeckt. Archäologisches Museum, Topkapı-Palast, Di-So 10-16.30 Uhr.
4. Bosporus-Fahrt. Fähren vom Ableger Sirkeci in Eminönü, im Sommer um 10.35 Uhr, 11.35 Uhr, 13.35 Uhr. Dauer: etwa sechs Stunden (siehe auch Seite 52).
5. Großer Basar. 4500 Geschäfte und 20 000 Basaris. Im Zentrum von Stambul, Beyazıt, Mo-Sa 9-19 Uhr, So und an Feiertagen geschlossen (siehe auch Seiten 68 und 136).
6. Bücherbasar. Religiöse Schriften, Kalligraphien, alte Stiche. Sahaflar Carşisi, Universität, Beyazıt, tgl. 8-20 Uhr.
7. Mosaike in der Chora-Kirche. Weltberühme Meisterwerke aus dem 13. und 14. Jahrhundert. Kariye Cami Sokak, Edirnekap, Do-Di 9.30-17 Uhr.
8. Zisterne Yerebatan Sarayı. Unterirdisches Wasserreservoir. Yerebatan Caddesi, Mo u. Mi-So 9-18 Uhr.
9. Eyüp und das Café Pierre Loti. Spaziergang über den alten Friedhof und Besuch des Cafés über dem Goldenen Horn. Café Pierre Loti, Gümüşsuyu Caddesi/Balmumcu Sokak 5, Eyüp, tgl. 11-21 Uhr (siehe auch Seite 56).
10. Teegarten im Moda Çay Bahçesi. Istanbul jenseits der touristischen Trampelpfade. Devriye Sokak, Moda, Kadıköy, tgl. 9-22 Uhr.

LTU
So flieg ich gern
Wunschplatz oder getrennt sitzen?
LTU CARD: telefonische Sitzplatz-Reservierung vorab und vieles mehr.
www.ltu.de

Eine Stadt, viele Ethnien

Christen, Juden und Muslime wohnen Tür an Tür, Armenier, Türken und Kurden in enger Nachbarschaft. Etwa 90 Prozent der offiziell registrierten 10,8 Millionen Istanbuler bekennen sich zum Islam; die nichtmuslimischen Minderheiten erhielten 1923 das Recht auf freie Religionsausübung. 40 000 christliche Armenier leben am Bosporus, sie haben eigene Schulen, Kirchen und ein Krankenhaus. Die griechische Minderheit zählt nur mehr einige Tausend. Die jüdische Gemeinde umfasst heute noch etwa 20 000 Mitglieder, ein Großteil ist nach dem Zweiten Weltkrieg nach Israel ausgewandert. Ältere Juden sprechen noch Sefardi (Judenspanisch), jüngere fast ausschließlich Türkisch.

Morgenappell an der österreichischen Schule

Gastarbeiter

Exil am Bosporus

Mehr als 1000 deutschsprachige Emigranten kamen zwischen 1933 und 1945 in die Türkei. Unter ihnen waren Gelehrte und Künstler wie der Komponist Paul Hindemith, die Architekten Margarete Schütte-Lihotzky und Bruno Taut sowie der spätere Berliner Oberbürgermeister Ernst Reuter. Atatürk schätzte die Flüchtlinge: Sie halfen bei der Reform des Staates und der Umgestaltung der Universitäten. Bis in die vierziger Jahre hatten deutschsprachige Emigranten zahlreiche Lehrstühle an der Istanbul Universität inne. Die türkische Regierung bezahlte den Umzug und bot für mehrere Jahre eine feste Stelle, im Gegenzug mussten sich die Einwanderer verpflichten, Türkisch zu lernen und Lehrbücher zu verfassen. Nach 1949 blieben nur 28 von ihnen in der Türkei.

Haydarpaşa, Kaiser Wilhelms Präsent

Istanbul – Konya – Bagdad

Großer Bahnhof

Er war ein Despot, und er liebte die Deutschen: Abdülhamit II., der „blutige Sultan", Herrscher von 1876 bis 1909. Er ließ eine Bahnlinie bauen, die Konstantinopel mit dem Persischen Golf verbinden sollte: Die Anatolische Eisenbahnlinie, errichtet 1888-96, führte von Istanbul nach Konya; an sie schloss sich die so genannte Bagdadbahn (1903-40) an. Für den Bau bekam Abdülhamit II. finanzielle Hilfe aus dem Westen und erteilte der Deutschen Bank Konzessionen für die Errichtung einzelner Teilstücke. Die Deutschen versprachen sich vom Bahnbau wirtschaftliche Expansion in die anatolischen und arabischen Teile des osmanischen Imperiums. Ausgangspunkt der Bahnlinie war der im neoklassizistischen Stil erbaute Bahnhof Haydarpaşa auf der asiatischen Seite Istanbuls, ein Geschenk Kaiser Wilhelms II.

Am St. Georgs-Kolleg wird Bach hochgehalten

Istanbul in Zahlen: **336** Säulen hat die Yerebatan-Zisterne. **1300** Kilometer beträgt die Entfernung sowohl nach Kiew wie nach Kairo. **20** Zentimeter Schnee fielen im Januar 2002. **20** Prozent aller Türken leben in Istanbul.

Jede Welle mitnehmen.

Ins Vergnügen eintauchen.

Verbrauch pro 100 km: Stadt 14,6 l; Land 7,7 l; Mix 10,2 l; CO_2-Emission: 243 g/km
24-h-Infoline: 0 18 01/406 406 (€ 0,04/Min.)

Fahren auf eigenen Wegen. Der PEUGEOT 406 Break. Mit einem PEUGEOT 406 Break tauchen Sie schon während der Fahrt ins Vergnügen ein. Ganz gleich, wohin und womit Sie unterwegs sind. Denn dank seiner großzügigen Ladefläche macht er alles mit und bietet dabei jeglichen Komfort, den man sich auf langen Strecken wünschen kann. Und die dynamische Motorisierung, z. B. mit dem 3.0 l V6 24V Automatik-Triebwerk mit beeindruckenden 152 kW/207 PS, sorgt für reinstes Fahrvergnügen. **www.peugeot.de**

406

PEUGEOT

Fünfmal am Tag ertönt der Gebetsruf, hier vom Minarett der Süleymaniye-Moschee

Islam

Der Ruf des Glaubens

„Allahu akbar", Gott ist groß, verkündet der Muezzin vom Minarett der Moschee. Neben dem Glaubensbekenntnis (*şahadet*), der Almosensteuer (*zekât*), dem Fasten (*oruç*) und der Wallfahrt nach Mekka (*hac*) ist das tägliche Gebet (*salât*) eine der fünf Säulen des Islam. Fünfmal ruft der Muezzin zur Andacht: vor Sonnenaufgang, „sobald man einen weißen von einem schwarzen Faden unterscheiden kann"; am Mittag; nachmittags; noch einmal nach Sonnenuntergang, „wenn der weiße nicht mehr von einem schwarzen Faden zu unterscheiden ist"; zuletzt bei Einbruch der Nacht. 2397 Moscheen gibt es in Istanbul, die Stimme des Gebetsrufers ist fast überall zu hören. Wenn sie vom Tonband und über Lautsprecher abgespielt wird – was heute üblich ist –, ertönt sie noch lauter als live; in einigen ruhebedürftigen Stadtteilen wurden die technischen Hilfsmittel verboten. Über 1000 Muezzine verrichten ihr frommes Werk in der Stadt, ihr Berufsweg: Entweder haben sie die Mittelschule abgeschlossen und den Koran auswendig gelernt, oder sie haben eine Predigerschule (*Imam-hatip-lisesi)* besucht und ein Studium an der Theologischen Fakultät absolviert. Viele Muezzine arbeiten gleichzeitig als *müezzin-kayım*, als Moscheediener: Sie öffnen und schließen die Moschee und verrichten soziale Dienste, besuchen Kranke, Hochzeitsfeiern und Neugeborene oder schlichten im Familien- und Nachbarschaftsstreit.

Besuch in der Moschee

Jede Moschee darf besichtigt werden – wenn der Reisende freundlich fragt und die Regeln befolgt: Frauen müssen Oberarme, Armbeuge und Beine bedecken, kniefreie Röcke gelten als Affront. Mittlerweile werden auch Touristinnen immer öfter aufgefordert, ein Kopftuch zu tragen oder die Beine zu verhüllen; Tücher hierfür liegen am Eingang bereit. Bei Männern gelten Shorts als despektierlich, eine lange Hose muss sein. Schuhe sind am Eingang auszuziehen. In der Moschee barfuß zu gehen oder sich hinzusetzen, gilt als ungehörig. Auch wenn aus Höflichkeit niemand etwas sagt: Gern gesehen wird solches Benehmen auf keinen Fall.

Fauxpas am heiligen Ort: Die Moschee ist nicht der Ort, um barfuß zu gehen oder sich hinzusetzen

6 Minarette hat die Blaue Moschee. Mit **267** Metern ist der „Große Fichtenberg" die höchste Erhebung. **0,5** Promille sind die Grenze für Pkw-Fahrer. **29** Grad ist die Temperatur des durchschnittlich heißesten Julitages. **2** Bosporus-Brücken

SERVICEPLAN
[[[Psst!]]]
Möchten Sie ganz besondere Weine entdecken? Den Geheimtipp der Top-Sommeliers? Dann öffnen Sie eine Flasche portugiesischen Wein und genießen Sie die Einzigartigkeit dieser herrlichen Weine, aus über 100 heimischen Rebsorten. Von leicht, verspielt fruchtig bis hin zu ausdrucksvoll würzigem Charakter – die unvergleichliche Geschmacksvielfalt Portugals erwartet Sie.
Vini Portugal
[Der Geheimtipp unter den Top-Sommeliers]
Fragen Sie Ihren Weinhändler nach portugiesischen Weinen.
Telefon 06 11-18 11 40, Fax 06 11-1 81 14 10, www.weine-aus-portugal.de, info@weine-aus-portugal.de

In Istanbul zu Hause

Unvermeidlich ist der **Kaffee** (*türk kahvesi*), legendär die **Gastfreundschaft.** Auch ein Klischee, das stimmt: die hoffnungslos **romantischen Männer,** die zweideutige Liebeslieder zu singen beginnen, sobald sich die Angebetete nähert. Oder die **neurotischen Taxifahrer,** die im regelmäßig zusammenbrechenden Istanbuler Verkehr nur noch mit Zynismus überleben – oder zum Handy greifen, um zum Zeitvertreib Freunde und Kollegen anzurufen. Denn das **Handy,** türkisch: *cep* (sprich dschepp, wörtlich: Tasche), ist auch in Istanbul universell verbreitet – jeder hat eins und macht permanent Gebrauch davon. Wenn der Großstadtstress allerdings zu viel wird, heißt die Losung: **„Yavaş, yavaş“,** immer mit der Ruhe. Die Zeit hat eine andere Bedeutung in der Türkei; Pünktlichkeit ist wenig wichtig, Geduld eine notwendige Tugend. Wirklich wichtig ist allerdings für jeden echten Istanbuler letztlich nur eins: der Fußball. Nationale Leidenschaft entfachen die Spiele der „drei Großen“ **(üç büyükler),** der Istanbuler Traditionsvereine Galatasaray, Fenerbahçe und Beşiktaş. Rotgelbe Schals, Flaggen und Kappen und laute *Cim bom bom!*-Rufe nach einem Match zeugen von einem Sieg Galatasarays, blaugelb steht für Fenerbahçe, schwarzweiß für Beşiktaş. Als einst Trabzonspor aus der Nordost-Türkei Tabellenführer wurde, litt die ganze Stadt unter der Schmach.

Feilschen ist Passion auf dem Markt vor der Yeni Cami, der Neuen Moschee

Handeln Nicht um jeden Preis

Festpreise haben die Waren in Einkaufszentren, Boutiquen und Lebensmittelläden; Gold wird nach Tagespreis und Gewicht verkauft, große Spannen gibt es da nicht. Gehandelt wird vor allem auf dem Großen Basar und auf Märkten. Auf dem Basar sind manchmal bis zu 70 Prozent Preisnachlass möglich – wer nicht zugreift, gilt fast schon als Spielverderber. Beste Methode: mäßiges Interesse zeigen, sich ein paar Schritte entfernen. Fast immer ruft der Händler dann den Kunden zurück und lässt noch einmal mit sich reden.

Besuch beim Barbier

Waschen, Schneiden, Legen

Istanbuls Friseure, meist männlich, arbeiten mindestens 50 Prozent kostengünstiger als ihre Kollegen in Deutschland und bieten mehr als nur einen neuen Haarschnitt: Während gewaschen, geschnitten, gefärbt, mani- und pedikürt wird, plauscht man ausgiebig beim Tee. Zur Entspannung legt der Barbier seinem Kunden oft ein warmes, feuchtes Tuch aufs Gesicht. Männer bekommen statt der Pediküre eine Rasur und eine Nackenmassage.

Eine Nackenmassage mit Zitronen-Alkohol-Wasser ist eine freundliche Zugabe

40000 Menschen arbeiteten Mitte des 17. Jh. im Topkapı-Palast. **37** Sultane regierten zwischen 1290 und 1923. **416** Bahn-Kilometer Istanbul – Ankara. **916** Jahre war die Hagia Sophia kulturelles Zentrum des Byzantinischen Reiches

RISTORANTE
APERTO
MAURO MATASSINI, 55
Mitinhaber „Fattoria Pulcino“, Montepulciano
Nimmt sich selbst nicht zu ernst.
Nimmt das Leben leicht.
Nimmt sich alle Zeit der Welt für seine Gäste.
Nimmt gerne Ihre American Express
Euro Travelers Cheques.
WIE BARGELD – NUR SICHERER
AMERICAN EXPRESS
Vom Geheimtipp im Nirgendwo bis zum Publikumsliebling allerorten. Sie werden überrascht sein, wo Sie jetzt überall Ihre American Express Euro Travelers Cheques in Europa einsetzen können. Und sie sind nach wie vor sicherer als Bargeld, denn sie werden bei Verlust oder Diebstahl in der Regel binnen 24 Stunden ersetzt.
Weitere Informationen unter: www.americanexpress.de

Moscheen und Nachtclubs, Meeresrauschen und Verkehrschaos Vergangenheit und Gegenwart – die Metropole am Bosporu ist voller Widersprüche und verbindet doch Welten miteinande

Goldene Stadt

Zwei Kontinente im Blick: Die Terrasse der Süleymaniye Cami ermöglicht eine beeindruckende Aussicht über den Bosporus auf das asiatische Üsküdar. Vorn die Yeni Cami, die Neue Moschee

Foto: Nigel Hi

Foto: Guido Mangold

Istanbul, New York: Im Banken- und Geschäftszentrum von Zincirlikuyu präsentiert sich die Stadt mit gelben Taxis und spiegelnden Fassaden

Wer sind die **Menschen**, die unter der Sonne, im Regen, unterm Mond laufen? Wie viel Kleingeld klappert in Millionen Taschen?

Foto: Guido Mangold

Erhabene Pracht zu Allahs Wohlgefallen: Beyazıt II., Sohn Mehmet des Eroberers, erteilte den Auftrag zum Bau der Beyazıt Cami. Vollendet wurde sie 1506 und ist damit die älteste erhaltene Sultansmoschee der Stadt

Süßer Tee, *çay*, ist das beliebteste Getränk. Serviert wird er in Gläsern

Ein **Istanbuler** ist jemand, der den Geschmack des Wassers und des Weines kennt, alle Fische und ihre Namen

Einkauf mit Aussicht: In Karaköy am Goldenen Horn, mit Blick auf die Neue Moschee in Eminönü, ist jeden Abend Fischmarkt

Ein Himmelreich in Gold und Blau: Die Sultan Ahmet Cami, genannt Blaue Moschee, wurde 1616 vollendet. Heute zieren bunte Ornamente Wände, Bögen und Gewölbe, die einst mit über 20 000 Kacheln aus Iznik bedeckt waren

Foto: Yao Zang

Rom, Byzanz, Osmanisches Reich – so viele **Epochen.** Mal im hellen Licht, mal im Sturm, mal in der Stille, mal im Lärm

Das Kloster tanzt: Im 13. Jahrhundert gründete Sufi-Dichter Rumi den Orden der Tanzenden Derwische; 1492 entstand im heutigen Beyoğlu das erste Derwisch-Kloster Istanbuls. Sonntags zeigen die Mönche ihre Kunst den Touristen

Foto: Murat Türemis

Fischerdorf in der Millionenstadt: die Holzhäuser an der Uferstraße von Arnavutköy

Das **Meer** wohnt nicht nur zwischen Asien und Europa, sondern auch in den Häusern. Jedes Fenster wackelt mit dem Wind

Kultur im Untergrund: Der Sockel mit der Kopf stehenden Medusa befindet sich im Yerebatan Sarayı, einer Zisterne, die einst als Wasserreservoir für den Sultanspalast diente. Inzwischen ist sie Museum und Ausstellungshalle

Foto: Guido Mangold

Keimzelle des modernen Istanbul: Im Stadtteil Galata siedelten sich im 14. Jahrhundert Genueser Seefahrer an, dann kamen Kaufleute und Handwerker. Der Galataturm mit dem markanten Kegeldach beherbergt jetzt einen Nachtclub

Istanbul ist eine große **Liebesgeschichte.** Manchmal hasst man die Stadt, dann begehrt man sie wieder

Alltag im Viertel: Über die Serdar-ı Ekrem Sokak erhebt sich der Galataturm. Es ist nicht weit bis zur geschäftigen İstiklal Caddesi, trotzdem ist die Gasse ein Ort der Stille

Text: Emine Sevgi Özdamar

Wenn ein Mensch in Istanbul ankommt, bekommen seine Haare Locken vom Meer. In Istanbul weiß man nicht, ob das Meer die Stadt in seinen Armen hält oder die Stadt das Meer. Mein erstes Istanbulbild als Kind: mein Vater am Meer. Er nahm seinen Borsalino-Hut vom Kopf und sagte zu den Wellen:

„Das Meer ist wie eine Frau.
Wann sie hoch kommt,
wann sie sich zurückzieht,
weiß ein Mann nie."

Das Istanbuler Meer ist vielleicht eine Frau. In meiner Kindheit und Jugend schickte es manchmal mit seinen Wellen tausende von Fischen zum Ufer. Die Menschen kamen mit Eimern in den Händen und sammelten die Fische, die sich noch auf den kleinen Steinen hin- und herwarfen.

Manchmal aber wurde diese Frau zum Mann. Das Meer war ein Mann, wenn der Südwestwind die Schiffe, die zwischen der asiatischen und der europäischen Seite von Istanbul hin- und herfuhren, mit seinen hohen Wellen mal nach links und mal nach rechts schlug.

Und die Menschen auf dem Schiff und die Teegläser auf der Schiffsbar rutschten hin und her, und draußen stiegen, vom Schiffsfenster aus gesehen, die beiden Ufer von Istanbul hoch und stürzten herab, mit ihren Häusern, den byzantinischen Mauern, den orthodoxen und armenischen Kirchen, dem Genueser Turm und den osmanischen Palästen und Moscheen. An solchen Tagen sagten die Menschen, das Meer ist ein Sultan, es hört auf niemanden.

Mit dem Meer kann man nicht sprechen. Wer in diese Wellen fällt, wird sogar eine Schlange umarmen, um sich zu retten. So war das Istanbuler Meer mal eine Frau, mal ein Mann, mal ein liebendes Herz: Wenn die Leute über eine leidenschaftliche Liebe sprechen, sagen sie: „Das Meer kann nicht ohne Wellen sein und das Herz nicht ohne Liebe."

Man fährt in Istanbul täglich über das Meer, das manchmal eine Frau, manchmal ein unbarmherziger Sultan und manchmal ein liebendes Herz ist.

Wenn das Meer wie ein Sultan ist, wird das Springen vom Ufer auf das Schiff gefährlich. Das Schiff bewegt sich am Kai hin und her, entfernt sich von der Kaimauer und klatscht wieder an die Wand. Man kann ins Meer fallen und vom Schiff zerquetscht werden. Deswegen sagte meine Mutter mir jeden Tag, wenn ich zur Schule auf der europäischen Seite fuhr: „Spring nicht auf das Schiff, bevor der Steg ausgelegt ist. Mit den Wellen kann man nicht scherzen."

Die beiden Ufer von Istanbul erinnern mich an ein Märchen, das meine Großmutter mir als Kind erzählte: Es war einmal, es war keinmal. In einem Land suchte ein junger Mann nach dem schönen Vogel Zümrüt-ü Anka, um mit ihm zum Berg Ararat zu fliegen. Dort wollte er einen heiligen Mann treffen, der auf die drei Fragen Antworten wusste, die der Sultan dem jungen Mann gestellt hatte. Er kam auf dem Weg zum Vogel in das Haus eines Riesen.

Die Riesenmutter saß da und schärfte ihre Zähne, der junge Mann nahm sofort die Brüste der Riesenmutter und saugte Milch aus ihnen. Die Riesenmutter sagte: „Menschenkind, Menschenkind, ich hätte dich jetzt gegessen, aber du hast meine Milch getrunken, jetzt werden meine Söhne kommen und dich essen. Hier ist ein Spiegel, lauf weg. Wenn meine Söhne in deine Nähe kommen, wirf den Spiegel hinter dich."

Die Riesensöhne kamen, und die Mutter versteckte den Jungen unter ihren Beinen. Die Riesensöhne sagten: „Mutter, hier riecht es nach Menschenfleisch." Sie sogen mit ihren Nasen die Luft ein, bis unter die Beine ihrer Mutter. Die Riesenmutter sagte: „Lauf." Der Junge lief weg, die Riesen hinter ihm her, der Junge schaute sich um und sah sie kommen. Er warf den Spiegel, und es entstand ein großes Meer. So blieben die Riesensöhne am anderen Ufer.

Das passiert auch in Istanbul. Du wirfst den Spiegel hinter dich, und das Meer entsteht zwischen dir und deiner Wohnung. Du bist an einem anderen Ufer, auf einem anderen Kontinent, in einem anderen Leben.

Man kann in Istanbul jeden Tag den Spiegel hinter sich werfen. Das Meer ist immer da. Europa ist da.

Die Stimmen der Straßenverkäufer sind das Oratorium von Istanbul

Asien ist da. Die Lichter Europas sind von Asien aus zu sehen, und die Lichter Asiens von Europa aus. Aber das Istanbuler Meer wohnt nicht nur zwischen Asien und Europa, sondern auch in allen Istanbuler Häusern. Jedes Istanbuler Fenster wackelt mit dem Wind des Meeres.

Die alten Menschen sagen, dass das Meer in ihren Beinen wohnt. In jedem Bett gibt es den nassen Geruch des Meeres. Und an den Tagen, an denen das unruhige Meer die Schiffe nach rechts und nach links schlägt, schwanken die Menschen in ihren Betten weiter, als schliefen sie auf Wellen, wenn sie nach der Arbeit auf den Schiffen nach Hause gekommen sind.

Wenn ich als Kind in meinem Bett wie auf einem von Wellen getragenen Boot wach wurde und zum Fenster lief, um zu sehen, ob das Meer noch draußen lag – oder ob es, wie ich, aus seinem Bett gestiegen war, um sich in die Istanbuler Häuser zu schleichen und die Millionen Menschen zu schaukeln –, sagte mir meine Großmutter: „Komm, schlaf! Wenn du nicht schläfst, werden die Nacht und das Meer auch nicht schlafen und ihre Geister wecken."

In der Nacht sind die Istanbuler Geister da. Das sind die nicht kastrierten Katzen, die über die Dächer nach Liebe schreien, oder die Hunde, die von einer Gasse zur anderen ziehen, und, wenn die Muezzins die Morgengebete singen, von unten gemeinsam in Richtung Minarett bellen, bis das Gebet zu Ende ist. Dann klatscht das Wasser auf die Körper der am Kai ruhenden Schiffe. Die Äste der Bäume zittern im Wind des Meeres, die Schiffe hupen, und die Straßenverkäufer fangen in den Gassen zu schreien an, um ihre Waren zu verkaufen: „Seesaaaaamkrrriiiingeeeeel."

Jeder Straßenverkäufer in Istanbul hat seine eigene Art zu schreien. „Waaaasssseeer! Seesssaaaamkrriiingeeel! Guuuute Banaaaanen! Meeesserschääärfer! Wassermelonen, rot wie Blut! Bohnen, zart wie eine Jungfrau!"

Diese Verkäufer sind Bauern. Sind mit aufgerollten Betten nach Istanbul gekommen, im Glauben, die Straßen von Istanbul seien aus Gold. Dann erfanden sie Arbeiten, etwa das Wasserverkaufen.

Wenn man in Istanbul die Augen schließt und ihrem Schreien zuhört, lebt die Stadt in ihren Stimmen immer weiter. Ihre Stimmen sind das Oratorium von Istanbul. „Waaassseeeer kaaalt wieee Eiiis! Foootooo, Fooo-tooo! Souveeeniiiir Istaaanbuuul!"

Meine Eltern hatten sich an dem Tag, an dem sie in der Stadt ankamen, als erstes von einem Straßenfotografen ablichten lassen. Der Mann stellte sie vor ein Tuch, das er an die Mauer gehängt hatte, und das mit dem Istanbuler Meer, den Istanbuler Möwen und den Istanbuler Schiffen bestickt war. Wenn ein Mensch, egal woher, nach Istanbul kommt, macht Istanbul ihm Platz. Und die Möwen am Himmel machen Platz für die neuen Vogelfamilien, egal woher diese Vögel stammen.

Möwen, Vögel, Menschen, Katzen, sie alle wollen Istanbuler sein. Aber wer ist der Istanbuler? Weiß Istanbul, wer Istanbuler ist? Vielleicht wusste Istanbul das vor 50 Jahren besser, als nur 1,4 Millionen Menschen hier lebten und nicht, wie heute, um die 14 Millionen. Man sagte damals: Ein Istanbuler ist jemand, der „Gaumen" hat, der den Geschmack des Wassers und des Weines kennt, alle Fische und ihre Namen.

Jeder Stadtteil hatte seine eigene Spezialität. In dem einen wurde der beste Joghurt hergestellt, in dem anderen die besten Maulbeeren gezüchtet, in wieder einem anderen gab es die besten Erdbeeren, die besten Bohnen oder Melonen. Noch heute gehen die Istanbuler gemeinsam an diese Orte. Istanbuler sein heißt noch immer, den Geschmack der Dinge kennen.

Man kann heute die Istanbuler Straßen, auf denen Millionen unterschiedlicher Menschen laufen, und den Istanbuler Himmel, an dem unzählige Vögel fliegen, mit der Tiefe des Meeres vergleichen: Wenn man auf dem Meeresgrund stehen und sich die Millionen unterschiedlicher Fische anschauen könnte, würde man die Farben der Fische und ihre unterschiedlichen Rhythmen sehen wie in einem Kaleidoskop.

Die Millionen Menschen laufen nicht, sondern sie rennen über die steilen Pflasterstraßen. Die Straßen sind nicht für Autos, sie sind für Menschen, Esel und Pferde gemacht. Deswegen verständigen sich die Autos und die

Fährschiffe verbinden die wichtigsten küstennahen Viertel

Menschen. Kommt ein Auto gefahren, dann hebt man seine Hand, und es bleibt stehen.

Wenn es regnet, rennt auch der Regen, wie die Menschen, über die steilen Straßen. Und der Regen wohnt in den Istanbuler Schuhen wie das Meer in den Istanbuler Betten.

Alle Schuhe in Istanbul, auch die Schuhe der reichen Männer, sind schmutzig und alt. Die Schuhputzer schauen nicht Richtung Himmel, sondern auf die tausende von Schuhen, die an ihnen vorbeilaufen. „Polieren wir, Brüderchen, polieren wir, Schwesterchen."

Die Menschen, die Hunde, die Katzen, die Möwen, alle sind nass, alle rennen irgendwo hin, und jeder Mensch in Istanbul, der hier lebt, wird mindestens einmal über die Brücke vom Goldenen Horn laufen.

Es ist eine niedrige Brücke, die die beiden europäischen Teile verbindet. So niedrig, dass niemand auf die Idee kommt, sich hinunter zu stürzen, so wie von den beiden großen Brücken, die Asien und Europa verbinden.

Sultan Abdülmecid, ein Reformist, hatte 1845 diese kleine Brücke eingeweiht, für die schon Leonardo da Vinci 1503 und Michelangelo 1504 dem damaligen Sultan Beyazıt II. ihre Vorschläge unterbreitet hatten. Aber Beyazıt ließ die Brücke nicht bauen – sie hätte die Nicht-Muslime, die auf dem einen europäischen Teil lebten, und die Muslime, die auf dem anderen europäischen Teil lebten, zusammengebracht.

Vor ungefähr 100 Jahren beschrieb Mrs. Max Müller, eine Reisende aus Europa, ihre Eindrücke so: „Auf der Brücke herrschte ein babylonisches Sprachgewirr. Juden, Mongolen, Afrikaner, Griechen, Armenier, Albaner, Russen, Tscherkessen, Türken, Inder, Italiener, Kamele, Pferde, Esel, Hunde und Katzen laufen darüber." Das ist heute noch genauso.

Die vielen Schiffe neben der Brücke leuchten in der Sonne, die langen Schatten der Menschen, die über diese Brücke laufen, fallen von beiden Seiten der Brücke auf die Schiffe herab und laufen auf deren weißen Körpern entlang.

Hinter dem letzten Schiff fallen die Schatten der Menschen ins Meer und laufen dort weiter. Die Möwen schreien oben, und die Schatten ihrer Flügel fallen auch ins Meer und fliegen dort zwischen den Schatten der Menschen. Manchmal kam es mir so vor, als würden die Möwen über alles, was in dieser Stadt passiert, lachen.

Sie sehen Millionen Menschen, Millionen Türen, Millionen Schuhe. „Wer sind all diese Frauen und Männer, die unter der Sonne, im Schnee, im Regen und unterm Mond laufen? Wessen Esel ist das, der die steile Gasse hinunter läuft? Wie viel Kleingeld klappert in den Millionen Taschen? Wie viele Milliarden Brote werden täglich nach Hause getragen? Das Meer, die Bauern, Verrückte, Juden, Armenier, Griechen, Türken, Menschen aus allen Welten – wie viele Millionen Schatten laufen zwischen den Schatten der Bäume, wie viele Millionen Wörter werden jeden Tag in Istanbul gesprochen? So denken die Möwen vielleicht und lachen.

Auf dieser Brücke kann man die untergehende Sonne und zur gleichen Zeit den aufgehenden Mond sehen. Der Mond steht am Istanbuler Himmel, als wohne er nur hier, sei verliebt nur in Istanbul, und nur poliert für diese Stadt. Der Mond ist manchmal so nah, dass man ihn anfassen kann.

Jeder hat in Istanbul ein bisschen Mond in seinen Händen, und der Istanbuler hat in seinen Augen viele Jahrhunderte. Rom, Byzanz, Osmanisches Reich – all diese Epochen. Mal im hellen Licht, mal im Sturm, mal in der Stille, mal im Lärm.

Istanbul ist eine große Liebesgeschichte. Manchmal hasst man die Stadt, dann begehrt man sie wieder. Man verliert sich in Istanbul, 1000 Filme laufen übereinander. In manchen Vierteln kann man jahrelang leben, ohne sie zu verlassen.

Man kann in Mailand leben, man kann in New York leben, man kann in Byzanz leben. Und die kleinen farbigen Steine an den Ufern, über die sich die Fische hin- und herwerfen, wohnen in den byzantinischen Kirchenmosaiken. Und der Istanbuler Mond leuchtet in der Nacht in das Gesicht von Jesus Christus in der Hagia Sophia und über den Flügeln der Möwen.

Emine Sevgi Özdamar, *geboren 1946, ist in Istanbul aufgewachsen. Vor 30 Jahren zog sie nach Deutschland.*

Die Pyrenäen...

Panorámica desde el puerto de Lazar, Navarra

Warum?

WEIL

sie aussergewöhnliche Bedingungen bieten, um viele verschiedene Sportarten in direktem Kontakt mit der Natur auszuüben.

WEIL

man in ihren Naturparks die Ursprünglichkeit der Berge entdecken kann.

WEIL

die Städte, Ortschaften und Dörfer viel Kultur bieten.

WEIL

in den Kirchen und Klöstern romanische Kunst und Kultur lebendig ist.

WEIL

Hotels, Campingplätze, Berghütten und Paradores für jeden Kunden etwas bieten.

WEIL

die gastronomische Vielfalt mit verschiedenen hochqualitativen D.O.-Weinen unendlich ist.

WEIL

die Städte ihre Traditionen bewahren und ihre Kultur bei Festen und Feiern zeigen.

WEIL

das Angebot an ländlichen Unterkünften reichlich ist, die Besucher die Einwohner der Pyrenäen kennenlernen und die Natur in aller Unabhängigkeit und Freiheit geniessen können .

WEIL

man hier Aufregendes erleben und das ganze Jahr über Abenteuersport betreiben kann.

Vall de Boí, Lleida, Cataluña

Castejón de Sos, Huesca, Aragón

ESPAÑA

PIRINEOS
DIE SONNENSEITE

ADRESSEN VON INTERESSE

ARAGÓN:	Telefon 34 976 715 122	www.turismoaragon.com
CATALUÑA:	Telefon 34 932 384 000	www.gencat.es/probert
NAVARRA:	Telefon 34 948 206 540	www.cfnavarra.es/turismonavarra

Der Weg zum Abenteuersport
ist nicht mehr weit.
Es gibt also keine Ausreden mehr.
Vall d'Aran. LLEIDA - CATALUÑA
Tandem DDB
Bravo
PIRINEOS
DIE SONNENSEITE
Wandern, Rafting, Gebirgswandern, Klettern, Mountain Bike... alles Sportarten, für die Abenteuerlust und die entsprechende landschaftliche Szenerie notwendig sind. Wenn Sie sich trauen, kann's losgehen, denn all das finden Sie in nächster Nähe. Die spanischen Pyrenäen bieten Ihnen all die Gipfel, Stromschnellen, Canyons und Routen, die Sie für die Ausübung Ihres Bergsports benötigen. Alles, nur keine Ausreden. Wenn Sie Extremsportarten lieben, sind die Pyrenäen genau das Richtige für Sie. Es ist nur ein Schritt bis dorthin.
http://www.tourspain.es
ESPAÑA
INFORMATIONEN ERTEILT IHNEN IHR SPANISCHES FREMDENVERKEHRSAMT
10707 BERLIN. Kurfürstendamm 63, 5. OG. Fax: (030) 882 66 61 - 40237 DÜSSELDORF. Grafenberger Allee 100 (Kutscherhaus). Fax: (0211) 680 39 85
60323 FRANKFURT / MAIN. Myliusstrasse 14. Fax: (069) 72 53 13 - 80051 MÜNCHEN. Postfach n° 151940. Fax: (089) 532 86 80
8008 ZÜRICH. Seefeldstr. 19 - 1010 WIEN. Walfischgasse 8
Nur Für Prospektbestellungen innerhalb Deutschlands: Tel.: (06123) 99 134. Fax: (06123) 991 51 34

Mein Zentrum der Welt

Orhan Pamuk, bekanntester Schriftsteller der Türkei, über Istanbul, die Ignoranz des Westens und das Erbe des Islam

Interview: Gesa Engelschall
Übersetzung: Anuradha Hanig

Leben, um zu schreiben: Pamuk in seinem Istanbuler Penthouse

MERIAN: Sie haben drei Jahre in New York gelebt. Weshalb sind Sie nach Istanbul zurückgekehrt?

Pamuk: Istanbul ist das Zentrum der Welt. Meiner Welt. In New York war ich Bürger zweiter, dritter Klasse. Wenn du dort abends durch die Straßen gehst und in die erleuchteten Fenster blickst, fällt aus den teuren Apartments dieser orangene Schein, und du möchtest dazu gehören. Solche Häuser verströmen den Geist der oberen Mittelklasse.

Sie gehörten also nicht dazu?

Nein, und das hat mich traurig gemacht. In Istanbul gehöre ich dazu. Im Exil begreifst du die Poesie eines Lebensstils nicht, sie gehört nur denen, in deren Sprache sie geschrieben ist. Ich sah ein, dass ich das Leben der oberen Mittelklasse in Amerika nie verstehen würde – und ging zurück.

Aber auch Istanbul ist vom Westen geprägt. Verfälschen diese Einflüsse den Charakter der Stadt?

Die Oberschicht in der Türkei ist sehr verwestlicht, aber der Mittelstand und die Armen leben noch auf traditionelle, islamische Art. Das war schon immer so. Für einen Türken ist es normal, sich das Beste aus jeder Zivilisation zu nehmen. Außenstehende versuchen bisweilen, dem Land eine Idee, ein Vorurteil überzustülpen – dass es völlig westlich sei oder völlig islamisch. Sie ignorieren den Reichtum einer Kultur, die Einflüsse aus dem Westen und dem Osten vereint.

Gibt es eine spezifisch türkische Form des Islam?

Araber lächeln über den türkischen Islam. Für sie ist unser Glaube so etwas wie Marlboro Light, ein „Islam light". Wir haben wenige Fundamentalisten oder Konservative. Die breite Mehrheit hat im Zweifelsfall eher Angst vor dem Staat als vor Allah.

Was kann der Westen vom Islam lernen?

Der Islam präsentiert ein vormodernes Lebensbild, besonders in der Architektur und der Kunst. Er ist in vieler Hinsicht mittelalterlich, bezieht sich also auf eine Epoche, die zum Erbe des Westens gehört. Deshalb ist der Islam den Europäern vertraut. Er ähnelt dem Leben ihrer Vorfahren, als diese noch an Mythen glaubten und die Dinge naiv sahen. Der Islam verleiht dir das Gefühl, dass du von der Gemeinschaft beschützt wirst, der Familie, den Nachbarn. Dass du nicht alleine bist in einer rücksichtslosen Millionenstadt, in der jeder für sich und gegen alle anderen kämpft.

Was kann der Islam vom Westen lernen?

Kritikfähigkeit. Den Mut, die eigene Meinung zu äußern, sei sie richtig oder falsch, und damit das Risiko einzugehen, gesellschaftlich nicht akzeptiert zu werden. Und dann natürlich, effizient zu arbeiten, Geld zu verdienen.

Sind Sie religiös?

Überhaupt nicht. Aber ich interessiere mich für das literarische Erbe des Islam, seine Allegorien und mystischen Fabeln. Ich nutze dieses Erbe in meinen Büchern.

Sie wurden westlich und liberal erzogen. Wie sehr beeinflusst die türkische Politik Ihre Arbeit?

Während meiner Kindheit in den fünfziger Jahren war die Türkei noch eine Demokratie, wenn auch mit Abstrichen. Erst danach hatten wir eine Reihe von Militärputschen. Dieses Land wird ja immer wieder mit Kriegsrecht regiert. Kaum haben wir ein bisschen Demokratie, folgt der nächste Militärcoup. Die Türkei ist so etwas wie eine Halb- oder Viertel-Demokratie. Das beeinflusst natürlich meine Arbeit. Man darf die Armee nicht kritisieren, den Staat, die Religion. Aber über vieles andere kann man schreiben. Ich könnte mich zum Beispiel über den Premier lustig machen. In einer Diktatur dürfte man das sicher nicht.

Was stört Sie am meisten am politischen System der Türkei?

Was mich ärgert, ist nicht der Mangel an Demokratie, sondern der Nationalismus, der uns schon in den Schulen eingeimpft wird: Dass jeder stolz sein muss, Türke zu sein. Und dass alle möglichst gleich sein sollen. Die Intoleranz gegenüber Fremden hat eine Engstirnigkeit heraufbeschworen, an der die Nation zu ersticken droht.

Immer wieder kritisieren Sie das Regime. Haben Sie keine Angst vor Repressionen?

Ich kenne die Regeln und weiß, was ich sagen kann, wann und in welcher Form. Ich bin international bekannt, das schützt mich. Vor kurzem habe ich eine politische Erzählung veröffentlicht. Wenn ich im *Spiegel* oder *Guardian* einen kritischen Artikel über das Land schriebe, würde das die Politiker und auch die Journalisten mehr ärgern als ähnliche Texte in meinen Büchern. Allerdings haben mich Rechte wie Linke schon als Vaterlandsverräter beschimpft.

Hilft es den politischen Häftlingen, wenn ausländische Medien über ihr Schicksal berichten?
Natürlich. Die türkische Regierung kann sich nicht von Europa abkoppeln, sie ist finanziell gebunden. Sie hat Angst davor, wegen Menschenrechtsverletzungen angeprangert zu werden, und dann von ausländischen Banken oder internationalen Organisationen keine Kredite mehr zu erhalten.
In Ihrem Land gibt es eine antiamerikanische Stimmung, obwohl die USA den Nahen Osten nie kolonisiert haben.
Die Amerikaner kontrollieren die Medien, sie beherrschen die Welt. Das ruft Trotz und Ärger unter den Armen hervor, egal, ob in der Türkei, in Indien oder Russland. Als die Türme des World Trade Center brannten, sah ich das im Fernsehen in einem Kaffeehaus, wo Pferdekutscher, Lastenträger, Leute aus der Unterschicht verkehren. Ich fühlte mich schrecklich allein vor dem Fernseher. Die Menschen betrachteten die Bilder mit distanziertem Erstaunen – sie waren verwundert, aber nicht erschüttert.
Sind solche Reaktionen repräsentativ für die türkische Bevölkerung?
Später auf der Straße begegnete ich einem Nachbarn. „Orhan Bey, hast du gesehen, sie haben eine Bombe auf Amerika geworfen", sagte er. Dann fügte er wütend hinzu: „Das haben sie gut gemacht!" Der Mann war kein Islamist. Er hatte die schrecklichen Bilder wahrscheinlich gar nicht gesehen, sondern nur gehört, dass jemand den Amerikanern Böses zugefügt hatte. In den nächsten Tagen wird ihm sein Ausbruch Leid getan haben. Leute wie er sind keine Fundamentalisten. Aber sie waren insgeheim glücklich, dass der Supermacht eins ausgewischt wurde.
Was kann der Westen tun?
Den Islamisten hilft die aggressive Ignoranz des Westens. Seine Politiker müssen geduldiger zuhören, sie müssen diese Sprache des „wir hier" und „die da" hinter sich lassen, diese Sprache der Bomben und des Tötens. Wenn sie nicht verstehen, wie zornig und erbost die Armen sind, wenn sie kein Mitgefühl für ihre Probleme haben, treiben sie den Fundamentalisten neue Anhänger zu.
Sie sind der einzige türkische Schriftsteller, der Weltruhm genießt. Weshalb gibt es so wenige Autoren in Ihrem Land, die im Westen bekannt werden?
Türkisch ist keine Weltsprache. Die Schwierigkeiten beginnen schon damit, gute Übersetzer zu finden.
Was sind die Inhalte der neuen türkischen Literatur?
In den vergangenen zehn Jahren war viel über Geschichte, Mythen des Islam, urbanes Leben zu lesen. Aber die Schriftsteller meiner Generation verbinden die Vergangenheit mit dem Heute, mit kritischer Reflexion. Sie schreiben postmodern, spielen mit den Genres. So ist eine ganz neue Literatur entstanden.
Gibt es einen typisch orientalischen Stil?
Das Bilderverbot des Islam hat dazu geführt, dass viel kreative Energie in die Literatur geflossen ist, die reich an Bildern und Szenerien ist. Türkische Autoren sind gute Beobachter. Allerdings verstehen sie es nicht so gut, eine Geschichte zu erzählen, ihren Verlauf zu strukturieren.
Aber Ihre Bücher sind sehr erfolgreich.
Die ersten acht Jahre habe ich in der Türkei gar nichts publiziert. Es war ein Witz: Meine Bücher wurden in 24 Sprachen übersetzt, aber einen Verleger in der Türkei zu finden, war schwer. Das hat sich geändert.
Waren Ihre Bücher den Verlegern zu kritisch?
Nein, im Gegenteil. Andere Autoren schrieben über die Armut oder das Leben der Bauern, Sozialkritik eben. Ich hingegen war ein junger Mann aus der oberen Mittelklasse, der über Istanbul schrieb. Das war eine völlig andere Welt.
Was fasziniert Sie so sehr an dieser Stadt?
Als ich geboren wurde, war dies eine Stadt mit einer Million Einwohnern, heute sind es um die 14 Millionen. Aber das Zentrum, in dem früher eine Million lebte, ist immer noch das Zentrum. Ich kann Ihnen die Qualität einer Stadt nicht beschreiben, in der ich seit 50 Jahren lebe. Eher können Sie mich nach dem Sinn des Lebens fragen.
Sie wohnen im modernen Stadtteil Beyoğlu.
Ich lebe nahe beim Taksim-Platz. Ich habe immer in der Nähe solcher belebten Plätze gewohnt. Das kulturelle Leben einer Stadt konzentriert sich dort. Ich sehe die Theater, die Kinos, ich spüre die Energie der Menge, die sich durch die İstiklal Caddesi schiebt. Sogar, wenn ich in Eile bin, sauge ich diese Atmosphäre auf, gehe in Buchläden, schwatze mit Freunden.
Was sehen Sie von Ihrem Apartment?
Den Bosporus und die ganze Stadt. Ich höre den Verkehr nicht, aber ich sehe das Meer und die Boote. Als ich ein Kind war, lebten wir im Sommer auf einer Insel, zehn Kilometer außerhalb der Stadt. Die Boote erinnern mich an diese Zeit. Einige sind genauso alt wie ich. Sie geben mir ein Gefühl von Dauerhaftigkeit und Bestand, während die Stadt durch Dreck und Smog gelitten hat.
Wie würden Sie den Charakter der Istanbuler beschreiben?
Vielleicht sind sie etwas toleranter, kosmopolitischer. Aber Istanbul war früher eigentlich noch weltoffener, weil für hunderte von Jahren Juden, Griechen und Armenier in der Stadt gelebt haben. Das prägte das Klima. Trotzdem behielt jeder seine Herkunft für sich. Wenn du armenisch oder griechisch sprachst, dann unterbrach dich wahrscheinlich jemand und sagte: „Sprich türkisch! Das hier ist die Türkei." In diesem Sinn war und ist dies ein engstirniges Land. Inzwischen hat sich einiges verändert: Heute kommen die Ausländer in Istanbul aus der Ukraine, aus Russland, Polen und Georgien.
Was mögen Sie an Istanbul am meisten?
Obwohl die Stadt überbevölkert ist, energiegeladen, manchmal deprimierend und armselig, ist das Leben hier doch gelassen. Die Menschen sind bereit, zuzuhören, dir bei einem Problem zu helfen, sie sind gastfreundlich und warmherzig. Es gibt eine Leichtigkeit des Seins. Ich fühle nie diese Anspannung wie in New York. In Istanbul kannst du mitten in der Nacht einen Fremden auf der Straße ansprechen, ohne Angst haben zu müssen.

Orhan Pamuk, geboren 1952, studierte Architektur und Journalismus. Seine Bücher wurden in 24 Sprachen übersetzt. Auf Deutsch erschienen vier seiner Romane: *Die weiße Festung* (Suhrkamp), *Das schwarze Buch* (vergriffen), *Das neue Leben* und *Rot ist mein Name* (beide Hanser). Der letzte dieser Romane beschreibt einen mörderischen Kulturkonflikt im Istanbul des 16. Jahrhunderts: Islamische Miniaturmaler entdecken den Reiz der westlichen Malerei, doch deren realistische Darstellung widerspricht dem Bilderverbot.

Leuchtender Boulevard: Die İstiklal Caddesi ist die Hauptgeschäftsstraße von Beyoğlu. Hier schlägt Istanbuls Herz westlich und schnell

Am Ende der Nacht

Einst Mördergrube, Hort der Dekadenz und dunkles Nest – Beyoğlu ist ein Viertel, das zu seiner zwielichtigen Vergangenheit steht. Jetzt hat sich der Stadtteil neu erfunden, und mit den Nachtschwärmern kehrt der Geruch der weiten Welt zurück

Text: Andreas Altmann

Moderne Zeiten: Im Dulcinea in der Meşelik Sokak trifft sich die junge Szene Istanbuls. Drum 'n' Bass dröhnt aus den Boxen

Erste Station einer Club-Nacht:
Small Talk im Sefahathane in der Atlas Pasaji

Spanisches Feuer: Flamenco-Abend in der Bar Baykus auf der Bekar Sokak

Gediegen und bürgerlich: Einkehr im Restaurant Viktor Levi in Galatasaray

Ohne DJ geht es auch: In den kleinen Restaurants von Beyoğlu spielen allnächtlich Live-Bands auf

Alles Scheinheilige fehlt, Beyoğlu zeigt seine Wunden. Das Viertel ist heiter, aber nicht harmlos

Herman Melville, Verfasser von „Moby Dick", schrieb am Abend seiner Ankunft ins Tagebuch: „Nachts gingen wir nicht aus, wir fürchteten Banditen und Mörder. Selbst wenn einer das Haus verlassen wollte, er wüsste nicht, wohin." Der Eintrag stammt vom 12. Dezember 1856, notiert in einem lausigen Hotelzimmer, irgendwo in Beyoğlu.

146 Jahre später müsste der Besucher zwei andere, zwei frohe Nachrichten vermerken: Gangster eher in der Minderheit, nichts wäre trostloser als ein Stubenhocker in Beyoğlu.

Wer wachsam bleibt, wird sich dankbar des Viertels erinnern. Wer nicht aufpasst, dem kommt so manches abhanden. Damit die dritte gute Nachricht: Das Scheinheilige fehlt, Beyoğlu zeigt seine Wunden.

Einmal überquere ich nachts eine Gasse, und alle Straßenlampen gehen an. Kaum bin ich auf der anderen Seite, gehen die Laternen wieder aus. Woanders wäre das der pure Zufall. Aber nicht hier, hier beginnt der Orient. Beyoğlu hat *romance*, lese ich irgendwo. Aber ja, auch das noch.

In derselben Nacht sehe ich zwei Polizisten vor einer Mauer stehen. Ein zischendes Geräusch erklärt den einfachen Sachverhalt. Wie harmlos. Auf das Viertel – kleiner als ein Quadratkilometer – sind ganz andere Desaster niedergegangen. Es hat sie alle überstanden. Zerfurcht, geschürft, das schon.

Allein stehende Männer sind schutzlos, allein reisende schutzloser. Ich gehe die Hauptader entlang – die İstiklal Caddesi, die Straße der Unabhängigkeit –, und ein wildfremder Türke spricht einen wildfremden Deutschen an: „Du verlangen türkische Frau? Ich haben viele." Da ich nicht sofort bejahe, ahnend, dass der Wildfremde noch mehr in petto hat, erfolgt das nächste Angebot: „Du verlangen türkische Mann? Ich haben auch." Ich verlange Mahmuds Handynummer, verspreche, mich bald zu entscheiden.

Wie Leuchttürme stehen die Zutreiber im Gewühl. Zehn Meter später spottet mich Horaz. Umgehend will er mir seine Nataschas vorstellen. Früher, als die leichtsinnigen Damen auf der Flucht vor den Bolschewiken hier anlandeten, hießen sie noch *charascho*, von russisch *choroscho*: schön. Inzwischen kamen auch die nicht so Schönen nach Beyoğlu, jetzt passt nur noch Natascha.

Mahmud und Horaz sollen genügen. Ihre Finten kamen so umstandslos daher wie die der anderen drei Dutzend, die auf mich anlegten. Nur beim letzten Leuchtturm, bei Mustafa, kam ich unter die Räder. Er war der Clevere von uns beiden.

Irgendwann werde ich begreifen, wie man reist. Nach Beyoğlu jedenfalls in Gummischuhen. Wer die nicht aushält und fein besohlt auftritt, soll wissen, was auf ihn zukommt: Eine Meute Schuhputzer, ein Rudel armer Teufel, jene aus Anatolien hierher verschlagenen Kurden, die eiskalt zu jeder Tageszeit dieselbe Geschichte erzählen: „Mister, bad day today, please shoeshine."

Da die Geschichte immer wahr ist, vereinbaren Raşid und ich einen Deal: Er bekommt das Monopol auf meine Stiefel, und ich bekomme Ruhe vor allen anderen. Denn der 19-Jährige hat Autorität und die erste Mutprobe schon hinter sich: Sieben von acht Geschwistern sitzen noch immer im anatolischen Dorf. Nur eine Schwester schaffte die Flucht, setzte sich ab nach Deutschland. Raşid kam nur bis zur İstiklal, nach 18 Stunden Busfahrt. Seitdem klappert er mit der Bürste gegen den Holzkasten, auf der Suche nach Kundschaft. Beyoğlu ist ein knallhartes Pflaster, das auch. Wer hier einmal abstürzt, der bleibt lange liegen.

Oder ist alles anders? Einmal schleiche ich hinter Raşid her, will wissen, was er treibt, wenn er nicht klappert. Und Raşid kauft eine dieser riesigen Brezeln, schlägt zügig ein paar Haken und setzt sich auf die oberste Stufe einer Steintreppe. Er sitzt wie einer, der oft hierher kommt.

Wir schauen beide auf ein Wunder. Es beginnt am Ende der Stufen und reicht bis zum Horizont, bis ans Ende der Welt: Links leuchtet der Bosporus und rechts das Goldene Horn und in der Mitte das Marmarameer. Aber das ist es nicht, das wäre kein Grund, um festzuwurzeln. Was aus dem Gemälde ein Wunder macht, sind die 30, 40 Schiffe, die durch das Bild ziehen und

Sanfte Klänge, wilde Tattoos: Tanzabend im Folkclub Shamance in der Sıraselviler Caddesi

ihm alle Augenblicke andere Proportionen geben. Dazu das Tuten, die Möwen, der Schaum, die Farben, hell, unheimlich hell.

„Schönheit wird die Welt retten", der Satz stammt nicht von Raşid, er gehört Dostojewski. Vielleicht nicht die Welt retten, aber Raşid, mich, jeden eine Stunde lang, der hier vorbeikommt.

Beyoğlu war anders, von Anfang an. Nachdem Sultan Mehmet II., der rastlose Eroberer, 1453 Konstantinopel erbeutet hatte, bewies er souveränen Großmut: Die „Ungläubigen" durften in der Neustadt bleiben, jenem Teil, den die Griechen schon vorher Pera nannten: „gegenüber" der alten Kaiserstadt, drüben auf der nördlichen Seite des Goldenen Horns.

So blieben die Europäer. Im 19. Jahrhundert entstand dort die Grande Rue de Pera. Die Gegend roch nach Flair, nach Aufbruch, nach westlicher Dekadenz und politischer Intrige. Hier gab es Erfindungen, von denen das orientalische Konstantinopel – keine 1000 Meter entfernt – noch lange nichts hören sollte: water closets, elektrischen Strom und links und rechts der Hauptstraße protzten die Botschaften der Großmächte, die Kirchen und Bordelle, die strahlenden Geschäfte. Moscheen gab es kaum, hier wurde Französisch, Englisch und Griechisch gesprochen, nur ab und zu fiel ein türkisches Wort.

Nach der Gründung der Türkei kam alles anders. Die Gesandtschaften wurden zu Konsulaten degradiert, die Fremden packten die Koffer, aus Konstantinopel wurde Istanbul, aus Pera Beyoğlu, aus der Grande Rue die İstiklal Caddesi, aus einem strahlenden Zentrum ein dunkles Nest. Bis vor zehn, 15 Jahren – keiner weiß den Zeitpunkt genau – wieder etwas zu strahlen anfing, das mit Neugierde und Weltwachheit zu tun hat.

Am nördlichen Ende der İstiklal liegt der Taksim mit dem Denkmal der Unabhängigkeit. Vor 50 Jahren sah der Platz aus wie ein Geschenk Stalins, in Sibirien gegossen und als Betonplatte hier abgeworfen. Inzwischen gibt es Blumen und Brunnen und bunte Farben. Der Ort gilt als Symbol einer modernen Türkei. Moderne Türken haben hier den Bau einer Moschee verhindert. Dafür hängt in einem Hotel ein Poster mit dem Hinweis auf einen Yogakurs, „to find grace", um Anmut zu finden. Im Souvenir-Shop fällt das Buch „Sexual life in Ottoman society" auf, es ist am heftigsten befingert. Wie erfreulich, wenn Kulturen einander bereichern.

Das Buch könnte man in einem Café des Taksim-Parks studieren, hier riecht es nach Weltstadt, die Tische unter Platanen und Buchen, die dezenten Schritte der Kellner auf dem Kiesweg, die halblauten Gespräche, die Strahlen der Herbstsonne auf dem offenen Haar der Frauen. Und Faruk und İsmail, die mich zu einem Glas Tee einladen und eine Runde

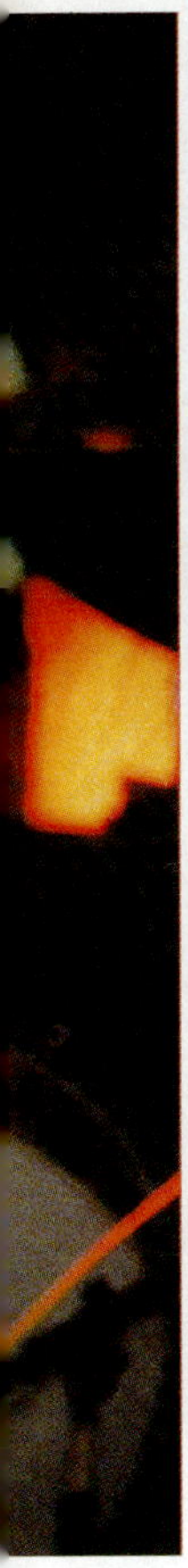

Literaten, Lebenskünstler und Touristen: In den Restaurants der Çiçek-Passage treffen Welten aufeinander, Tag für Tag

Sauna vorschlagen. Ein Männer-Dreier am frühen Nachmittag, in Beyoğlu soll keiner zu kurz kommen.

Mit der Straßenbahn ans südliche Ende der İstiklal Caddesi. Die Fahrt dauert fünf Minuten, und fünf Minuten überkommt den Fahrgast die aberwitzige Vorstellung, dass Vernunft die Welt regiert. Denn Autos sind hier verboten. Was noch auffällt: Faucht in Kairo die Musik wie Flammenwerfer aus den Läden, so fluten hier Wogen ins Freie. Musik wie das Meer. Wären Noten eine Farbe, die Straße wäre blau, wasserblau.

Im Süden von Beyoğlu haben Abel und Adi ihr Quartier aufgeschlagen, über dem Bürgersteig liegen ihre Uhren zum Verkauf aus. Abel schmuggelte sich als Businessman aus Lagos hierher. Adi rettete sich aus dem ehemaligen Zaire und landete als blinder Passagier auf einem Bananendampfer in der Türkei. Was einzig zählt: Von hier ist es nur noch ein Sprint nach Europa. Beide sind illegal, und beide werden geduldet. Ab und zu führen drei Polizisten sie hinter ein Hauseck und ziehen ihnen ein paar Scheine aus der Tasche. Damit das Dulden nicht aufhört.

Wundertätiges Beyoğlu. Wohl nie hätte ich der beiden Geschichten erfahren, gäbe es nicht gegenüber dem Uhrenstand eine öffentliche Klingel mit einer Sprechanlage: Hier drücken und bestellen. Damit nach fünf Minuten ein schwungvoller Dicker mit einem Tablett auftaucht und drei Teegläser serviert. Tee als Aphrodi-

Westliche Dekadenz und islamische Strenge, Gebetshäuser und Bordelle: Beyoğlu hat alles. Und das schon seit Jahrhunderten

Belesenes Viertel: literarische Schätze in der Robinson-Crusoe-Buchhandlung

Suchen und finden: glitzernde Halbwelt auf der İstiklal Caddesi

Prüfende Blicke: Wer ins she in der Sıraselviler Caddesi will, muss erst am Zerberus vorbei

Beyoğlu im Blick: Die Cafés auf dem Hügel bieten Genuss mit Aussicht

Beyoğlu goes global, aber nicht brausend. Das Viertel am Goldenen Horn schlittert lässig Richtung Zukunft

siakum für scheue Zungen. Irgendwann erzählen die beiden vom Schleppercafé ein paar Straßen weiter, in das sie mehrmals die Woche gehen. Damit sie einen ehrlichen Ganoven finden, der sie in die EU schleppt. Und keinen wie Zorro, der sie und zwei Dutzend andere nachts in einem Bus ans östlichste Ende der Türkei karrte und mit dem Satz sitzen ließ: „Seid vorsichtig, hier liegt Deutschland."

Beyoğlu goes global. Das schmerzt manchen, denn die Türken, so ein poetisch begabter Politiker, wollen „aus einem Stück Marmor" bestehen. Beyoğlu wird das verhindern. Der Geruch der weiten Welt kehrt zurück, nicht brausend, doch leise und verführerisch. Ich weiß keinen anderen Stadtteil, in dem mehr Buchhandlungen zum Lesen und Denken einladen. „Ich bin Wind, und du bist Feuer", neben den Gedichten von Rumi, dem sinnlichsten aller moslemischen Poeten, liegt der neueste Shere Hite, „Wie Frauen Frauen sehen".

Im Hayal Kahvesi singt der junge J-John „Shape of my heart", Stings berührendes Liebeslied, und in der Garderobe des Nachtklubs Privé müssen Polizisten ihre Patronen abgeben, erst dann dürfen sie sich die Trommelfelle ruinieren lassen. Ein paar Schritte daneben knien die Sinnsüchtigen nieder und flüstern zu Allah. Singen, tanzen, beten, jeder hat Zugang zu seinen Göttern, Beyoğlu schlittert lässig Richtung Zukunft.

Der Stadtteil besitzt beides, auch den Teil, der noch weit von der Zukunft entfernt ist. Hinter dem Tarlabaşı Bulvar reiten noch die Alten auf dem Esel aus Anatolien ein, trocknen ihre Frauen die Maiskörner auf den Gassen, hausen die Afrikaner versteckt in Löchern, sparen Transsexuelle auf die nächste Operation, verdienen die Teaboys immerhin drei Millionen Lira – drei Euro – pro Tag, harren Pastor Gerhard Duncker und sein evangelisches Kirchlein aus.

Der joviale Mensch nennt seine Umgebung die „Bronx". So redet nur einer, der nie dort war. Zudem erzählt er eine Geschichte, die der dramatischen Ortsbezeichnung gehörig widerspricht: Die Geschichte vom stilvollen Schlitzohr, der dem Pastor die Börse aus der Hintertasche fummelt, sich fluchtartig entfernt und in sicherer Entfernung stoppt, um das Diebesgut zu checken. Und das Portemonnaie schreiend Richtung Opfer schleudert und wissen lässt, dass er auf die paar Kröten verzichten könne.

Am letzten Abend erwischt es mich selbst. Mustafa, der Clevere, läuft mir über den Weg. Obwohl sofort alle Sirenen schrillen in meinem Kopf, falle ich auf ihn herein. Der Mann benebelt, wie von Sinnen trotte ich hinter ihm her, mitten hinein ins Hisar. Einer dieser zahlreichen Daddy-Clubs, in die sie nachts frei laufende Männer treiben und zum Anblick von eckig hopsenden Damen verurteilen. Zum Preis von hundert Millionen. Minimum. Ich komme mit der Hälfte davon, weil ich im Schweinsgalopp an den Türstehern vorbei ins Freie flüchte. Sie lassen mich laufen, 50 Millionen von einem Dummen machen auch Freude.

Am nächsten Morgen komme ich dafür ins Paradies. Bei der Suche nach einem Ort zum Frühstücken: Um neun Uhr in die Çiçek-Passage mit dem blauen Dach abbiegen, ahnen, nein, wissen, dass dahinter ein zweiter blauer Himmel wartet. Durch die Sahne Sokak streunen, die Blumen, die Gewürze, das Aroma von warmem Brot riechen. Die leisen Geräusche eines neu beginnenden Tags wahrnehmen. In eine Nebengasse verschwinden, noch immer das berauschende Gefühl genießen, alles wäre noch möglich, auch der Glaube an den Zauber der Welt, auch so eine tief sitzende Freude am Leben. Am Berber Salonu vorbei, den Geruch von frischem Schaum einziehen, an offenen Cafés entlanggehen, irgendwann sich auf eine Terrasse setzen, einen Crème und zwei Croissants bestellen, die Zeitung lesen, bald den Briefträger die Post unter die Türen legen sehen und bei all dem nie die Gewissheit loswerden, augenblicklich ein glücklicher Mensch zu sein.

Andreas Altmann, *Egon-Erwin-Kisch-Preisträger, lebt als Reporter in Paris. Sein neues Buch „Einmal rundherum. Geschichten einer Weltreise" ist bei Rowohlt erschienen. Für* MERIAN *schrieb Altmann zuletzt ein Stadtporträt von Kairo (8/2001).*

Filmproduzentin **ELIF YÜCEEL**, 31: Ab und zu ein Zeitungsausschnitt für die Eltern in Deutschland, wenn sie über den roten Teppich schreitet und in die Kameras strahlt

Zurück in die Zukunft

In Deutschland heißen sie Deutschtürken, in der Türkei „almancılar". Sie leben zwischen zwei Welten, aber in Istanbul haben sie ein Zuhause gefunden.

Text: Margot Weber, Fotos: Andri Pol

Elif war drei Jahre, als sie nach Deutschland kam. Ein Vierteljahrhundert ihres Lebens hat sie im Ostseebad Laboe, in Rendsburg und Hamburg verbracht und damit länger in der Bundesrepublik gelebt als Angela Merkel. Elifs Deutsch ist ebenso perfekt wie ihr Türkisch, sie hat Wortwitz, ist schnell und schlagfertig.

Aber muss man das erwähnen? Vielleicht hat sich die junge Türkin genau deshalb in Deutschland immer fremd gefühlt: Komplimente waren gut gemeint. Gut waren sie nie. „Sie sprechen ja toll Deutsch!" Na und? Auch Angela Merkel kann sich akzentfrei eine Tasse Kaffee bestellen.

Elif war ein Mädchen wie alle anderen, sprach wie alle anderen – aber ihre Familie kam nicht aus Laboe, sondern aus Ankara, ihr Vater war weder Angestellter noch Beamter, sondern Gastarbeiter. Und er hieß nicht Müller, Schmidt oder Ingwersen, sondern Yüceel. Elif Yüceel heißt auf Deutsch „erhabene Hand". Auf einem Schulhof in Rendsburg steht man mit so einem Namen ziemlich allein. „Ich habe immer versucht, mich dazugehörig zu fühlen, aber vermittelt wurde mir das nie", sagt die 31-Jährige. „Ich kam mir zweitklassig vor." Und für eine Sekunde spürt man hinter der selbstsicheren Frau von heute das verwundete Kind von einst.

Die junge Türkin war eine Rebellin, wild aufs Leben: schmiss die Schule, jobbte als Kellnerin, Reiseleiterin, Stewardess, Buchhalterin und Leserbrief-Fee. Dann holte sie doch noch das Abitur nach und hatte mit Anfang zwanzig endlich einen Weg gefunden: Redaktionsassistentin bei *Spiegel TV*, Aufnahmeleiterin für die Nachrichten bei *Vox*, ab und zu ein Einsatz als Reporterin. Die Chefs mochten sie: Elif hatte Charme, arbeitete viel und brannte vor Ehrgeiz. Immer wollte sie mehr, nie war sie zufrieden.

Doch vor vier Jahren brach das mühsam in Form gezwängte Leben auseinander. Die Karriere blieb stecken: Vor die Kamera ließ man sie nicht, hinter der Kamera kam sie nicht weiter. Sie fühlte sich in Deutschland nicht erwünscht, und sie war noch immer auf der Suche – nach etwas, von dem sie gar nicht genau hätte sagen können, was es eigentlich war.

Elif wollte einen Neuanfang. Sie kündigte die Wohnung und den Job, verschenkte die Möbel, verkaufte das Auto und flog mit drei Koffern, ihrem gesamten Besitz, nach Istanbul.

Auswandern ist schwer, einwandern schwerer. Die Stadt erwartet sie nicht mit offenen Armen: „Wenn man 25 Jahre in Deutschland gelebt hat, ist die Türkei ein fremdes Land." Elif schlägt sich als politische Journalistin durch, berichtet für deutsche Sender vom Öcalan-Prozess, trotzdem weiß sie manchmal kaum, wie sie ihre Miete zahlen soll. Dann kommt der 17. August 1999. In İzmit, 90 Kilometer von Istanbul, bebt die Erde, mehr als 15000 Menschen sterben.

Elif organisiert die *ZDF*-Spendengala, ist wochenlang vor Ort, bekommt den Leichengeruch weder aus den Kleidern noch aus dem Kopf, muss sich abends mit Whisky betäuben, um einschlafen zu können – und hat genug. „Ich wollte nicht mehr. Keine Nachrichten, keine *hard news*, keine Toten. Ich wollte endlich Spaß haben."

Knapp drei Jahre ist das her, und natürlich hat Elif auch dieses Ziel erreicht. Heute ist sie noch immer in der Medienbranche, aber sie macht Unterhaltung. Treibt Geld auf, bringt türkische Filme ins deutsche Kino, ist Produzentin und PR-Agentin. Mit ihrem Freund Faruk Aksoy, einem Produzenten und Regisseur, wohnt sie in einer Villa in Yeniköy, einem eleganten Bosporus-Vorort, und fährt einen schnittigen schwarzen Sportwagen.

Die braven, gleich lang geschnittenen Haare aus der *Vox*-Zeit sind einer wilden Cindy-Crawford-Mähne gewichen, und wo damals ein Nickituch den Hals verdeckte, ist heute ein tiefer Ausschnitt zu sehen. Viel Haut zeigt sie, präsentiert sich ungeschützt – und ist doch unverwundbarer als früher.

Sprachwechsler sind Grenzgänger, und jeder Zuwachs an Sprache bedeutet einen Zuwachs an Weltdurchdringung. Seit sie denken kann, wechselt Elif zwischen den Sprach- und Kulturraumen hin und her, ist westlich in ihrem Denken und gleichzeitig stolze Türkin. Mit 31 Jahren hat sie sich selbst und ihren Platz im Leben gefunden: Istanbul. „Ich liebe diese Stadt. Die Freundlichkeit der Menschen, das Lichtermeer am Abend. Ich kann mir nicht mehr vorstellen, woanders zu sein."

Solche Geschichten gibt es viele am Bosporus. Nicht alle sind so glamourös, aber die meisten erzählen mehr oder weniger das gleiche: Von Menschen um die 30, der zweiten Generation der Türken in Deutschland, die im Niemandsland zwischen den Kulturen groß geworden sind, die zu Hause Türkisch

Betriebswirtin **FATMA TUT,** 32, aus Besigheim: Kein Tag vergeht, an dem sie ihre Entscheidung nicht in Frage stellt

und in der Schule Deutsch gesprochen haben. Seit ihrer Kindheit sitzen sie zwischen allen Stühlen: Die Deutschen nennen sie Deutschtürken, für die Türken sind sie *almancılar*, Deutschländer. Nach Istanbul kamen sie in der Hoffnung, dort weniger fremd und mehr zu Hause sein zu können.

Fatma zum Beispiel, Betriebswirtin, geboren in Besigheim bei Stuttgart. Die 32-Jährige schwäbelt, schwäbisch sind auch ihr Denken und ihr Ordnungssinn. Auch sie ist ehrgeizig – typisch für eine *almancı* ihrer Generation –, sucht immer neue Herausforderungen, setzt auf jeden Abschluss einen weiteren: Hauptschule, Mittlere Reife, Lehre, BWL.

1994, nach der Uni, flog sie zum ersten Mal nach Istanbul, verliebte sich in die Stadt und dachte zweierlei: Hier will ich sein. Und: Betriebswirte gibt es in Stuttgart mehr als genug, welche Firma wartet da schon auf mich? Also besorgte sie sich einen Auszug aus dem Handelsregister und schickte Bewerbungen an alle deutsche Unternehmen am Bosporus.

Damals war sie 24 und hatte ihr Leben lang bei den Eltern gewohnt. „Die Eltern haben bestimmt, was gut war und was nicht", sagt sie. Streng gläubige Moslems, zu deren Leben die Wallfahrt nach Mekka selbstverständlich dazu gehörte. Fatma wollte weg: um sich abzunabeln, aber auch, um Karriere zu machen.

Der Anfang als selbstbestimmter Mensch war schwer. Istanbul, der Moloch, überwältigte sie: Millionen von Menschen, drangvolle Enge überall, schlechte Luft, Elend, Armut, Straßenkinder. Sie hatte mit Allergien zu kämpfen, die Haare fielen aus. Kein Tag verging, sagt sie, an dem sie ihre Entscheidung nicht in Frage stellte. „Aber bereut habe ich sie nie."

Heute ist die 32-Jährige Leiterin des Rechnungswesens bei einer deutschen Firma. Im Gegensatz zu Elif hat sie einen deutschen Pass – und spielt seit kurzem mit dem Gedanken, nach Deutschland zurückzukehren. Fatma hat eine große Wohnung in Kadıköy, auf der asiatischen Seite der Stadt, könnte endlich einmal durchatmen, wäre da nicht diese wachsende innere Unruhe: „Ich habe noch so einen Wissensdrang. Vielleicht studiere ich noch mal. In letzter Zeit denke ich öfter, ich verpasse was."

Hakan, Deutschlehrer mit arabischen Vorfahren, hat zehn Jahre lang in Neumarkt in der Oberpfalz gelebt, von drei bis 13 – der Vater arbeitete bei Grundig –, dann ging die Familie zurück in die Türkei. Doch als Kind zweimal entwurzelt zu werden, hinterlässt Narben auf der Seele. Als er 1983 in eine kleine Erdölstadt an der syrischen Grenze zurück verpflanzt wird, ein Kaff in der Provinz Mardin, muss er von einem Tag auf den anderen ein fremdes Leben führen.

Kurze Hosen sind verpönt, die Region ist konservativ, heiß und staubig. Türkisch spricht er nicht, so verliert er ein Schuljahr, weil er die Sprache lernen muss. Die Mitschüler verspotten ihn. Hakan, der Außenseiter, weiß nicht, wohin mit seiner Wut. Irgendwann geht er ohne Messer nicht mehr aus dem Haus.

Gerettet hat ihn, sagt er heute, das Theaterspiel. „Das hat wieder etwas Menschliches in mir geweckt." Und der Vater. Als der das Messer findet,

Deutschlehrer **HAKAN ALTINOK**, 32: In Deutschland fühlte er sich nicht zuhause, in der türkischen Provinz war er ein Außenseiter. Das Gefühl, fremd zu sein, begleitet ihn noch heute

Finanzdirektorin **SEMA UZUN**, 39, und Sohn **GÖKTUĞ**, 13: Die Mutter genießt ihre Freiheit und fröhliche Kneipenabende mit Freunden, Göktuğ liebt Basketball

muss Hakan versprechen, es nie zu benutzen. Und er hält Wort.

1989 zieht er nach Istanbul, studiert Deutsch. Ein Semester verbringt er als DAAD-Stipendiat in Flensburg. Die Dämonen sind gebannt. Seit 1998 arbeitet er am Istanbuler Goethe-Institut, ist nebenbei Vorsitzender des türkischen Deutschlehrerverbandes, vertritt dessen knapp 3000 Mitglieder gegenüber dem Staat.

Der 32-Jährige geht nicht durch die Stadt, er rennt. Ein Individualist, unruhig und rastlos. Der nachdenkliche, leise Hakan sieht aus, als könne er auch bei Greenpeace arbeiten oder bei Amnesty International; er mag Thomas Mann, Siegfried Lenz, Patrick Süskind, liebt Goethe, Schiller, Lessing: „Ich bin gierig auf Bücher."

Hakan hat einen Beruf, der ihm viel bedeutet, eine Frau, die ihn liebt – und das Gefühl der Heimatlosigkeit nie verloren. „Ich war überall immer ein Ausländer." In der Türkei fühlt er sich nicht wohl, aber nach Deutschland gehört er nach zwei Jahrzehnten in der Fremde auch nicht mehr. Ob er Türke ist oder Deutscher, mag er nicht beantworten. „Ich bin Humanist", sagt er schließlich.

Tülin ist ebenfalls jung zurückgegangen, mit elf, und auch sie ist deutsch, arabisch und türkisch aufgewachsen: Ihre Familie pendelte zwischen Antakya, dem antiken Antiochia, und dem westfälischen Siegen. „Ich bin in beiden Welten zu Hause", sagt die 23-Jährige. Was vor allem daran liegt, dass sie mit ihren Eltern noch Jahre nach der Rückkehr in die Türkei alle Ferien bei deutschen Freunden verbrachte.

Seit 1995 lebt sie am Bosporus, zog zum Pharmazie-Studium in die Stadt. Mittlerweile arbeitet sie als Koordinatorin in einem UN-Rechtshilfeprojekt für misshandelte Frauen. Und wenn man sie heute fragt, wo ihre Heimat ist,

Pharmazeutin **TÜLIN DUMAN**, 23: In drei Kulturen aufgewachsen, zwischen Siegerland und Kleinasien gependelt, heimisch geworden am Bosporus, mit Blick aufs Meer

antwortet sie: „Istanbul". Dann stutzt sie, verbessert sich, präzisiert: „Nein, nicht Istanbul. Moda." Nie hat sie in all den Jahren woanders gelebt als auf der asiatischen Seite und in Strandnähe, stets verbringt sie den Sommer am Wasser. Dann sitzt sie am Meer, lässt Luftballons steigen – und ist zu Hause.

Heimat ist, wo ich satt werde, lautet ein türkisches Sprichwort. Für die jungen, erfolgreichen *almancılar* ist die warme Mahlzeit kein Problem mehr. Die drängenden Fragen sind andere: Was ist mir wichtig, wo will ich leben – und wie schaffe ich es, Karriere zu machen und trotzdem glücklich zu sein?

Sema hat ihre Antwort längst gefunden: Wichtig sind der Sohn, die Mutter, der Job – in dieser Reihenfolge. Dann die Freunde und die gemeinsamen, fröhlichen Abende in den *meyhaneler,* den traditionellen Kneipen, mit Rakı und Live-Musik. „Ich mag die warmherzigen Menschen hier", sagt sie mit ihrem ausgeprägt fränkischen Dialekt.

Einen Teil der Kindheit hat die 39-Jährige in Ortaköy verbracht, jener Vorstadt, die mit Bosporusbrücke und Moschee zum beliebten Fotomotiv aller Istanbul-Reisenden geworden ist. Acht war sie, als sie nach Bayern kam. Ihr erster Eindruck: „Es war still. Alles kam mir so leise vor." Krumbach war nett, schnell hatte sie Freunde gefunden. Aber sie wollte zurück: „Ich wollte nicht immer die Ausländerin sein. Das hat meinen Stolz verletzt."

Der Vater war in Ortaköy geblieben, die Mutter erzog ihre Tochter traditionell: Sema durfte keinen Freund haben, abends nicht ausgehen. Auch das so eine Merkwürdigkeit in Gastarbeiterfamilien: „Die Türken in Deutschland", sagt Sema, „sind strenger als die Türken in der Türkei."

Nach 13 Jahren in Krumbach, sie ist gerade 21, heiratet sie einen Istanbuler und zieht an den Bosporus zurück. Ein Befreiungsschlag sollte es sein. Dass so etwas fast zwangsläufig schief gehen muss – nun ja. Längst ist sie geschieden, zweimal mittlerweile, heute lebt sie mit ihrem Sohn allein. Alltäglich ist ein derart emanzipiertes Leben selbst im westlichen Istanbul noch lange nicht.

Sema ist wie Elif: zäh. Auch sie hat sich hochgearbeitet, schon in Krumbach: von der Arbeiterin in einer Feinstrumpfhosenfabrik zur Dolmetscherin, schließlich zur erfolgreichen Vertreterin. In der Istanbuler Firma, in der sie seit sieben Jahren beschäftigt ist, fing sie als Sekretärin an. Nach drei Monaten verdoppelte der Chef ihr Gehalt; heute ist sie Finanzdirektorin.

Alle *almancılar* können von solchen Geschichten berichten: von Kämpfen, die sie führen mussten, um nach oben zu kommen; vom Gefühl, auch in der neuen Stadt wieder einmal fremd zu sein; von Eltern, die nicht an die Kraft ihres Kindes geglaubt haben. Elif, die Filmproduzentin, erzählt die schönste.

Zwei Wochen, bevor sie Deutschland den Rücken kehrte, fuhr sie zu ihren Eltern. Entschieden hatte sie sich längst, wollte es nur noch mitteilen. Ihr Vater stand im Garten, sah seiner großen, schönen Tochter in die Augen – und wusste, dass sie Ernst machen würde. Alles habe er getan, um es ihr auszureden, erinnert sich Elif. Und kann immer noch zitieren, was er ihr zum Abschied sagte: „Wir sind nach Deutschland gekommen, weil wir dachten, wir schaffen es hier. Wir haben es nicht geschafft. Wie willst Du es in der Türkei schaffen?"

Heute schickt ihm Elif ab und zu einen Ausschnitt aus der türkischen Boulevardpresse: wenn sie mal wieder fotografiert worden ist, wie sie bei einer Filmpremiere über den roten Teppich schreitet oder bei einer Cluberöffnung in die Kameras strahlt.

Margot Weber *ist Redakteurin dieses Heftes. Bei ihren Recherchen lernte sie Istanbuls Gegensätze kennen: Elif traf sie in einem Nachtclub in Ulus, Hakan wohnt im islamischen Viertel Fatih.* **Andri Pol** *hat für dieses Heft auch die Prinzeninseln fotografiert.*

Zwischen den Meeren

Am Bosporus treffen Kontinente und Kulturen aufeinander. Er eint die Liebenden und trennt die Fußballfans

Wie im Flug nach Asien: Der Autoverkehr rauscht auf der Ersten Bosporusbrücke über die Moschee von Ortaköy hinweg

Foto: Guido Mangold

Text: Ömer Erzeren

Möwen kreisen über den Wellen. Der Hafen bietet gerade genug Platz für ein Dutzend Fischerboote. Ein Händler verkauft frische Meeresfrüchte. Hakan, der Fischer, hat die Netze eingeholt, er weiß: „Es ist Blaubarsch-Zeit. Der Fisch wandert jetzt von Norden nach Süden.“ Seine Kumpane gesellen sich dazu, der Abend ist vorprogrammiert: Sie werden Rakı kaufen, einen Gurken- und Tomatensalat zubereiten und Fisch grillen.

Wir sitzen am Ufer unter den hohen Platanen, schlürfen Tee und genießen den ruhigen Rhythmus eines Fischerdorfs am Meer. Dabei sind wir im Stadtteil Beylerbeyi, auf der asiatischen Seite des Bosporus, in einer Großstadt, die 14 Millionen Einwohner zählt. Zu unserer Linken erhebt sich eine gewaltige Hängebrücke, die über die Meerenge führt. Dahinter, wo das Marmarameer beginnt, sehen wir Kuppeln, Minarette und Türme. Das uns gegenüberliegende Ufer ist gerade 1000 Meter entfernt. Umrisse von Häusern, Palästen, Wäldern und Gärten sind zu erkennen, in weiter Ferne die Wolkenkratzer der Stadt. Doch plötzlich verschwindet alles hinter einer grauen, hohen Mauer – ein riesiger Tanker zieht vorbei und versperrt uns 40 Sekunden lang die Sicht.

Das Gebiet am Bosporus, jener Meerenge, die das Schwarze Meer mit dem Marmarameer verbindet, sei eine „Landschaft voller Kraft und Weite“, schwärmte Gustave Flaubert, der einst am Ufer entlangritt. Unzählige Literaten hat diese Landschaft angeregt. Dort, wo Meerwasser Europa von Asien trennt, ist die Vegetation üppig, drei Klimazonen treffen an der 31 Kilometer langen Wasserstraße aufeinander. Die beiden Hauptwinde Istanbuls, der Nordostwind Poyraz und der Südwestwind Lodos, kämpfen um die Vorherrschaft in der Stadt. Es gibt im Bosporus keine einheitliche

Strömung. Eine starke Oberströmung verläuft vom Schwarzen Meer in Richtung Marmarameer, eine Unterströmung zieht entgegengesetzt. Kommen starke Winde hinzu, wird die Meerenge unpassierbar.

Fischer Hakan weiß, wie man die Zeichen der Bosporus-Götter lesen muss. Wann sich ein Lodos-Sturm zusammenbraut, wann die Fische sich verstecken und wann sie flüchten. Dinge, von denen Fremde keine Ahnung haben. Ich erinnere mich an einen Freund, der aus Ankara öfter nach Istanbul kam und bei mir, auf der asiatischen Seite, übernachtete. Ein Lodos-Sturm war ausgebrochen. Der Freund, der sich auf der europäischen Seite befand, stellte zu seinem Entsetzen fest, dass der Fährschiffe festlagen. Dann musste er die bittere Erfahrung machen, dass auch über die Brücken kein Weiterkommen war. In Istanbul weiß jedes Kind, dass man bei starkem Lodos und ruhendem Fährbetrieb die Brücken meiden muss, weil die Staus sich stundenlang nicht auflösen.

„Sinnig zwischen beiden Welten/
Sich zu wiegen lass ich gelten/
Also zwischen Ost und Westen/
Sich bewegen, sei's zum Besten!"
schrieb Goethe im „West-östlichen Divan". Ich lehrte meinen Freund, dass man an solchen Tagen den Hügel hoch ins Vergnügungsviertel Beyoğlu geht und aus der Ferne beim Rakı Wasser und Winde beobachtet.

Der Bosporus hat einen festen Platz in der Istanbuler Seele. Es gibt kaum einen türkischen Liebesfilm, in dem die Paare nicht irgendwo am Bosporus zueinander finden und sich küssen: auf der Fähre, auf einem Hügel mit wunderbarem Panorama oder einfach am Ufer. Die Istanbuler erinnern sich noch an Zeiten, als zahlreiche Badestrände den Bosporus säumten. Bis heute finden jährlich Schwimmwettbewerbe statt, von Ufer zu Ufer.

Der Bosporus ist bei den Stadtbewohnern Synonym für Freizeitvergnügen: Mit der Fähre Richtung Schwarzes Meer fahren, in einem Restaurant der nördlichen Viertel Fisch essen, mit dem Motorboot in eine Bucht fahren, schwimmen oder im Wald spazieren gehen. Schließlich haben schon die Osmanen am Bosporus Erbauung gesucht und an den Ufern Paläste und Sommerresidenzen gebaut.

Doch die Meerenge war auch ein Ort erbitterter Machtkämpfe, groß ihre strategisch-militärische Bedeutung. Araber, Bulgaren und Wikinger haben die Stadt belagert und ihre Spuren hinterlassen. Am 13. Februar 1352 lieferte sich die genuesische Flotte, von den Osmanen unterstützt, erbitterte Kämpfe mit den Venezianern, die wiederum mit Byzanz verbündet waren. Als Sultan Mehmet II. 1453 Konstantinopel eroberte, hatte er sich längst die Vorherrschaft über den Bosporus gesichert und seine Kanonen in den Burgen Rumeli Hisarı auf der europäischen Seite und Anadolu Hisarı auf der asiatischen Seite in Stellung gebracht.

Die deutschen Kreuzer „Goeben" und „Breslau" liefen nach langer Flucht vor der britischen Navy im August 1914 in den Bosporus ein. Kurzerhand hissten sie die osmanische Flagge, die „Goeben" wurde in „Yavuz" umbenannt, die „Breslau" in „Midilli". Der deutsche Admiral Wilhelm Souchon wurde Pascha der Seestreitkräfte des Sultans. Es war jener Admiral, der dann – ohne den türkischen Generalstab zu informieren – das russische Odessa beschoss und so den Kriegseintritt des Osmanischen Reichs provozierte.

Nach dem Ersten Weltkrieg kontrollierte die britische Flotte bis zur Ausrufung der Türkischen Republik die Meerenge. Das Stadtbild war geprägt vom Elend hunderttausender russischer Flüchtlinge. In der Zeit des Faschismus überquerten jüdische Auswanderer den Bosporus Richtung Palästina. Und nach dem Zusammenbruch der Sowjetunion bildeten sich an seinen Ufern russische Großmärkte. Der Bosporus ist nicht nur ein idyllisches Revier, er ist Durchgangsgewässer für große Menschen- und Handelsströme: Die natürliche Meerenge, wegen ihrer Schönheit schon in der Antike besungen, hat eine viermal höhere Verkehrdichte als der Suez-Kanal und eine dreimal höhere als der Panama-Kanal.

Cahit İstikbal, Bosporus-Lotse, kann ein Lied davon singen. „Es ist kein Vergnügen, einen Tanker, der 150000 Tonnen Rohöl oder Ammoniak geladen hat, mitten durch die Stadt zu schleusen. Aber er muss da durch." Über 50000 Schiffe passieren die Meerenge pro Jahr, selbst modernste Technik kann Havarien nicht immer verhindern. 1999 passierte die „M/T Spetses" mit 140000 Tonnen Rohöl den Bosporus. Ein Lodos-Sturm kam auf. Sie hätte beinahe das Ufer gerammt, im letzten Augenblick warf das Schiff in Höhe von Paşabahçe Anker. Und jeder Istanbuler, der älter als 30 ist, erinnert sich noch an die „Independenta"-Katastrophe: Der rumänische Tanker war 1979 mit der griechischen „Evriyalı" kollidiert und brannte mit 90000 Tonnen Rohöl an Bord aus. Istanbuls Nächte waren hell erleuchtet, bei der Explosion gingen selbst die Scheiben des vier Kilometer entfernten Topkapı-Palasts zu Bruch.

Der Bosporus verbindet: die große Politik, Kriegsschiffe und Tanker mit dem Alltag der kleinen Leute. Schulkinder hänselten über Jahre hinweg dicke Mitschüler mit dem Spitznamen Independenta. Der Bosporus trennt: die Fußballfans. Nach jedem wichtigen Spiel der Mannschaften Fenerbahçe und Galatasaray ist die Polizei im Großeinsatz. Kilometerlange Autokonvois zie-

In Beylerbeyi sitzen die Istanbuler im Gartenrestaurant und genießen das Idyll

660 bis 3300 Meter breit und 31 Kilometer lang: Der Bosporus ist Meerenge, Ausflugsziel und Durchgangsgewässer für 50 000 Schiffe im Jahr

hen mit Fahnen schwenkenden Fans durch die Stadt. Doch niemals würde sich ein Fan von Galatasaray auf dem gegnerischen, dem asiatischen Ufer zu erkennen geben. Galatasaray-Fans, die auf der asiatischen Seite wohnen, müssen sich ohne Club-Symbole auf den Weg machen, erst jenseits der Meerenge können sie Farbe bekennen.

Ein alter Grieche, der auf der asiatischen Seite wohnt, erzählte mir, dass früher auch Gottesmänner an den Bosporus-Kämpfen teilnahmen. Hatte Fenerbahçe gegen Galatasaray gewonnen, trugen die Männer – Moslems, Griechisch-Orthodoxe, Armenier und Juden – einen Sarg mit der Fahne Galatasarays an das Ufer des Bosporus. Selbst Priester und der Imam waren dabei, als er, Symbol für die Feinde jenseits des Wassers, in die Wellen des Bosporus gestoßen wurde.

Man schmäht sich seit Generationen: Alle Istanbuler, die auf der europäischen Seite arbeiteten und wohnten, heißt es, kämen mit dem täglichen Existenzkampf, mit Smog und Verkehrschaos nicht zurecht. Alle Istanbuler aber, die in Europa arbeiteten und in Asien wohnten, seien – sofern sie mit der Fähre nach Hause führen – ausgeglichene Zeitgenossen. Sie atmeten die Winde des Bosporus ein und gönnten sich während der Überfahrt einen Tee auf der Fähre. Und wer täglich den Kontinent wechsele, sei Gott näher.

Hakan, der Fischer, und seine Kumpane sind spät am Abend allemal Gott näher gekommen. „Allah hab' ihn selig, erinnerst du dich noch an Opa Mansur? Mit 78 Jahren ist er noch bis nach Çengelköy gerudert. Er hat einen Tunfisch, der 300 Kilo wog, allein gefangen."

In der Nacht hat sich der Bosporus, Schnittpunkt zweier Kontinente und zweier Meere, in ein Lichtermeer verwandelt. Ein Boot mit lauter Musik und Dutzenden von Menschen an Bord zieht wenige Meter an uns vorüber. Eine Hochzeitsgesellschaft. Hochzeiten auf dem Bosporus sind in Mode gekommen.

Ömer Erzeren, *1958 in Ankara geboren, wuchs in der Türkei und in Deutschland auf. Der Journalist und Buchautor („Der lange Abschied von Atatürk") lebt in Istanbul und Berlin.*

Allahs kleine Sünder

In Eyüp, der viertwichtigsten Stätte des Islam, beten gläubige Türken für die Erfüllung ihrer Wünsche – mit Fantasie und einem Hang zu Mystik und Magie

Text: Susanne Güsten, Fotos: Murat Türemiş

Auf dem Weg nach Eyüp: Bootsmann Haci Ahmet Gencyürt rudert die Gläubigen täglich von Sütlüce aus über das Goldene Horn

Im Einklang mit der Religion: Ein Opferlamm wird zur rituellen Schächtung gekarrt

Gebet an der Türbe, dem Grab Eyüps. Der fliesengeschmückte Vorbau wurde unter Ahmet I. (1603-1617) angelegt

Sieht auch wirklich niemand her? Verstohlen blickt sich die ältere Dame im Vorhof der Eyüp-Moschee um, dann fasst sie sich ein Herz. Schnell wirft sie eine Garnrolle über den Zaun, hält den Faden fest, bis die Rolle abgespult ist, und murmelt ein rasches Gebet. Dann knüllt sie den Faden zusammen, fegt ihn unter etwas Laub und wendet sich eilig, um in der Menge der Gläubigen abzutauchen – was nicht gelingt. „Schwester, was machst du da?", sprechen zwei verschleierte junge Frauen sie an. Erst nach einer Schrecksekunde versteht die Ältere, dass die beiden sie nicht für den Frevel an der heiligsten Stätte der Türkei rügen wollen; sie möchten nur wissen, wie der Zauber funktioniert, um ihn selbst anwenden zu können.

Für ihren arbeitslosen Sohn habe sie es getan, erläutert sie bereitwillig: Wenn der Faden ohne Schlingen und Knoten abrolle, werde Gott ihr Gebet erhören und dem Sohn Arbeit geben. Die Verschleierten danken und betreten die Moschee, während die ältere Dame erleichtert den Hof verlässt.

Gewiss, es gibt nur einen Gott, und sicher, Mohammed ist sein Prophet – aber an den Regeln des Islam vorbei braucht man manchmal doch einen Draht nach oben. Und wie in ihren irdischen Geschäften machen sich die Türken auch in ihren Beziehungen zu Allah gerne die eine oder andere Verbindung zu Nutze.

Nirgends ist das so sichtbar wie in der Moschee von Eyüp, wenngleich nicht auf den ersten Blick. Äußerlich geht alles seinen gottgefälligen Gang an dieser viertheiligsten Stätte des Islam, wo der Bannerträger des Propheten, Ebu Eyyub-i Ensari, begraben liegen soll. „Allahu akbar", schallt der arabische Gebetsruf vom Minarett herab über den Platz: „Gott ist groß. Ich bezeuge, dass es keinen Gott außer ihm gibt. Ich bezeuge, dass Mohammed sein Gesandter ist", ruft der Muezzin das Glaubensbekenntnis des Islam, und am Brunnen vor der gut 540 Jahre alten Moschee bildet sich eine Warteschlange für die rituelle Waschung vor dem Gebet.

Zunächst die Hände, dann Mund und Nase von innen, das Gesicht bis zum Haaransatz und den Ohren, die Arme bis knapp über dem Ellbogen, und schließlich die Füße: Erst solchermaßen gereinigt ist der Gläubige bereit für das Mittagsgebet, das zweite Gebet des Tages, dem bis zum Abend noch drei weitere folgen werden.

Wenn ein Moslem alle Gebete einhält, außerdem im heiligen Monat Ramadan fastet, regelmäßig für die Armen spendet, einmal im Leben nach Mekka pilgert und sich ansonsten keine Verstöße gegen die Regeln des Islam zu Schulden kommen lässt, dürfte er beim Gottesgericht am Ende aller Tage nichts zu befürchten haben.

Doch wie viele ihrer Landsleute mag sich auch Feriha nicht darauf verlassen, dass gesetzestreues Verhalten alleine ausreicht, um Gehör bei Gott zu finden. Die 37-Jährige steht vor dem Grabmal Eyüps im inneren Hof der Moschee und verteilt Zuckerwürfel, über denen sie zuvor die Yasin-Sure gelesen hat, einen als besonders wirksam geltenden Abschnitt aus dem Koran. Das hat sie Eyüp versprochen, als sie ihn vor zwei Monaten anflehte, bei Gott ein gutes Wort für ihr krankes Kind einzulegen. Vergeblich mahnt die Religionsbehörde auf großen Verbotsschildern am Grabmal, dass solche Sitten als Aberglaube gelten und Händel mit Gott oder den Toten als unislamisch abzulehnen sind.

„Man hat eben so ein Bedürfnis", sagt Feriha und meint damit ihren Drang, den geistigen Weg zu Gott mit konkreten Handlungen begreifbar zu machen und das Jenseits mit ansprechbaren Heiligen zu bevölkern. Dieses Bedürfnis ist auch anderen Besuchern nicht fremd: Mit aufmunterndem Kopfnicken nimmt fast jeder einen der angebotenen Zuckerwürfel.

Ferihas Schachtel ist rasch leer, denn unablässig strömen die Besucher

Blick vom Minarett auf den Innenhof der Moschee: Eine Trauergesellschaft trägt den Sarg zum Mausoleum

Im Namen Allahs, des Gnädigen, des Barmherzigen: ein alter Koranschüler beim Studium der heiligen Schrift

Alltag in Eyüp: Auf der Zal Mahmut Paşa Caddesi ist das moderne Istanbul noch nicht angekommen

zum Grabmal: Der junge Gelegenheitsarbeiter Yaşar ist mit seinem achtjährigen Sohn eigens aus der 1000 Kilometer entfernten Stadt Erzincan gekommen, um Eyüp seine Reverenz zu erweisen. Ertan, Beamter aus Ankara, nutzt jede Dienstreise nach Istanbul zum Gebet am Grab. Das Zimmermädchen Kamile aus Antalya besucht Verwandte und fährt bei dieser Gelegenheit selbstverständlich nach Eyüp.

Die Metropole am Bosporus zu besuchen, ohne in Eyüp zu beten, ist für gläubige Türken undenkbar. Schließlich hatte Eyüp als Vertrauter des Propheten Mohammed im 7. Jahrhundert nicht nur eine herausragende Stellung im Islam, sondern steht den Türken auch als spiritueller Vorreiter der Eroberung Istanbuls besonders nahe.

„Glücklich die Armee, die diese Stadt nimmt, glücklich der Führer, der sie nimmt", äußerte sich der Prophet einmal über das damalige Konstantinopel. Seinem Bannerträger Eyüp war das Ansporn genug, mit 50000 Mann auf die Stadt zu marschieren. Zwar scheiterte der Angriff, und Eyüp starb bei der Belagerung. Den Osmanen diente sein Vorbild aber fast 800 Jahre später als religiöse Legitimation für die Eroberung Konstantinopels, weshalb ihm Sultan Mehmet II. Grabmal samt Moschee errichten ließ.

Am Kachelschmuck des Grabmals streichen viele Besucher rasch und verschämt mit der Hand entlang und berühren dann Kopf oder Bauch, um Wünsche wahr werden zu lassen. Andere erheben die Hände und richten ein Gebet an die mächtige Platane vor dem Eingang.

Hacı Abdullah kann über solch gottlose Riten nur den Kopf schütteln. Tagein, tagaus muss der 70-jährige Korangelehrte von seinem Schalterhäuschen aus die haarsträubenden Rituale mitansehen, während er Spendenquittungen für die staatliche Religionsstiftung an die Gläubigen verkauft: So genannte Bittsteine werden da an das Grabmal geklebt – wenn sie haften bleiben, hilft angeblich auch das damit verbundene Gebet, und der Wunsch geht in Erfüllung. Stofffetzen werden an den Zaun geknotet, Münzen geworfen, Fäden abgespult, Kerzen angezündet – und alles ist *haram*, vom Islam verboten.

Am meisten ärgern Hacı die Mütter unverheirateter Mädchen, die nicht davor zurückschrecken, fremden Männern nach dem Gebet ein Stahlschloss in die Hand zu drücken, damit sie der Tochter „das Schicksal öffnen". Hacı Abdullah hat es längst aufgegeben, die Glaubensbrüder und -schwestern auf die Gottlosigkeit ihres Tuns hinzuweisen. Schließlich können sie nichts dafür, meint er seufzend: „Sie sind Opfer unseres Staates."

Dass die Türkische Republik sich bei ihrer Gründung 1923 die Trennung von Staat und Religion auf die Fahnen geschrieben hat, damit hat der ergraute Mekka-Pilger kein Problem. Dass der Staat aber seitdem gegen den als Bedrohung empfundenen Glauben seiner Bevölkerung kämpft, hält er für eine gefährliche Dummheit und die Ursache des Aberglaubens.

Der Besuch von Korankursen ist Kindern unter zwölf Jahren in der Türkei verboten; auch später darf der Koran nur in türkischer Übersetzung gelehrt werden. Die Sprache des Islam ist aber das Arabische, in ihr tat der Prophet seine göttlichen Offenbarungen kund. Gebetet wird selbst in der Türkei bis heute auf Arabisch – obwohl das kaum jemand mehr verstehen oder lesen kann, seit das Land 1928 von der arabischen auf die lateinische Schrift umstellte.

Dass sie nicht genau weiß, was sie da herunterbetet, bestätigt die 39-jährige Füsun freimütig. In Jeans, Lederjacke und rosa Kopftuch gekleidet, liest die Istanbulerin über einer Schachtel voll Zuckerwürfel die Yasin-Sure für ihre Schwester, die operiert werden muss. Um die 83 Verse der Sure auf Arabisch vortragen zu können, wie es sich gehört, liest Füsun aus einem

Jeden Freitag nach dem Gebet: An der Moschee demonstrieren Gläubige für ihr Recht auf Selbstbestimmung und das Tragen von Kopftüchern

Heftchen, in dem der arabische Text in türkischer Lautschrift abgedruckt ist. Vers um Vers murmelt sie, ohne ein einziges Wort zu verstehen. Und muss schließlich zugeben, dass ihr auch die genaue Bedeutung der täglichen Gebete nicht völlig geläufig ist.

Ganz Recht hat Hacı Abdullah mit seinem Groll auf die gottlose Republik dennoch nicht, wenn er sie für die Eigenheiten des türkischen Islam verantwortlich macht: Tausende Marmorgräber zeugen in Eyüp davon, dass die vom Propheten strikt abgelehnte Heiligenverehrung schon seit Jahrhunderten blüht und gedeiht.

Feldherren, Minister und Großwesire des Osmanischen Reichs sind hier ebenso beigesetzt wie große Geistliche, enge Verwandte der Sultane und zahllose weniger prominente, aber wohlhabende und einflussreiche Osmanen. Den gesamten Hügel über dem Goldenen Horn hinauf erstrecken sich die Gräber jener Türken, die es auf Erden so weit brachten, dass sie sich auch für das Jenseits einen Platz in der ersten Reihe sichern konnten – ungeachtet der Gleichheit aller Menschen vor Gott, einem Grundwert des Islam.

In der Nähe von Eyüp werde auch für sie das eine oder andere Gebet abfallen, hofften die Inhaber der Gräber – und der Erfolg gibt ihnen Recht. Vom Grabmal Eyüps aus ziehen die Gläubigen nach verrichtetem Gebet grüppchenweise hügelan durch das Gräberfeld und verharren betend vor jedem größeren Grabmal. Ganze Wochenenden opfern die 40-jährige Bahriye und ihre Tochter ihren Heiligenbesuchen; wem das Grabmal gilt, vor dem sie gerade betet, weiß Bahriye allerdings nicht. „Bitte nicht anbeten!", warnt ein Schild an dem Sarkophag: Gebetet werden darf im Islam einzig und allein zu Gott. Die Türken kümmert das nicht; schließlich ist der Totenkult schon viel länger in ihrer Kultur verwurzelt als im Islam, der sich wohl oder übel mit den alten Sitten hat arrangieren müssen.

Schon bei ihrer Bekehrung zum Islam wandten sich die Türkenstämme, die im Mittelalter von Zentralasien nach Anatolien einwanderten, lieber der mystischen Strömung des Glaubens zu, dem so genannten Sufismus. Statt strikter Vorschriften interpretieren Sufis aus dem Koran symbolische, mystische Bedeutungen heraus, die nur mit dem Herzen zu erfassen seien.

Den Weg zu Gott suchen sie in intensiver Meditation, die durch rituelle Sprechgesänge oder Tänze unterstützt wird. Die Heiligenverehrung und der Glaube, dass die Heiligen bei Gott ein gutes Wort für den Bittsteller einlegen können, ist nur einer von vielen Beiträgen sufistischer Vorstellungen zum türkischen Volksglauben.

Von jeher haben die Sufis deswegen die Nähe zu Eyüp gesucht, der als Weggefährte des Propheten über alle theologischen Kabbeleien erhaben ist. Um die Moschee drängen sich die Ruinen der Sufi-Ordenshäuser: Die auch vom orthodoxen Islam mit Argwohn betrachteten Bruderschaften sind in der Türkei seit den zwanziger Jahren verboten. Dennoch wird vor dem Ordenshaus der Kaşgarı-Bruderschaft von der Nakşibendi-Sekte oberhalb der Eyüp-Moschee gehämmert und gesägt.

Der 25-jährige Betriebswirtschaftsstudent und Kaşgarı-Bruder Serkan beaufsichtigt die Arbeiten an einem neuen Versammlungsraum, der aus privaten Spenden Hunderter Nakşibendi-Anhänger finanziert wird. Für das staatliche Verbot hat Serkan nur ein Schulterzucken übrig: Der Hang zu Mystik und Magie ist den Türken weder von weltlichen noch von religiösen Gesetzen auszutreiben.

Susanne Güsten, *Jahrgang 1963, arbeitet als freie Journalistin in Istanbul.* **Murat Türemiş,** *Jahrgang 1964, kennt Eyüp seit Kinderzeiten. Heute lebt er in Köln. Türemiş hat auch den Großen Basar fotografiert (ab Seite 68).*

KEIN TRAUM
KANN SCHÖNER SEIN.
Türkei
Fordern Sie Ihr kostenloses Infopaket bei der Informationsabteilung des türkischen Generalkonsulats an! Berlin Tel.: 030-2143-752/-852, Fax: 030-2143-952, München Tel.: 089-594-902/-317, Fax: 089-550-4138, Frankfurt Tel.: 069-2330-81/-82, Fax: 069-232751
BESTWIESBADEN

Aus dem Bauch heraus

Beim berühmtesten Tanz des Orients müssen die Hüften schwingen, und der Körper muss sich weich der Musik anschmiegen

Text: Anne Zielke

Der Nabel kreist, der Körper vibriert

Natürlich ist sie keine fünfundzwanzig. Und operiert ist sie auch." Dilek Anderson schüttelt den Kopf. Schaut finster. Allerdings ist es nicht unbedingt ein wertender Blick, sie zieht einfach immer die Brauen zusammen.

Dilek war anfangs etwas hilflos angesichts der Frage, wie man einer Fremden erklären soll, was Bauchtanz für Türken bedeutet. Und aus dieser Verlegenheit heraus hat sie sich zu einer ungewöhnlichen Herangehensweise entschlossen: Erst einmal will sie zeigen, was Bauchtanz *nicht* ist. Obwohl natürlich sehr wohl Bauchtanz gezeigt wird in dieser Touristenfalle, die Galata-Turm heißt, und wo die Tänzerin oben auf der Bühne ihre Hüften atemberaubend bewegt. Nur der Bauch wackelt nicht. Der ist hart und trainiert. Und die Brüste wackeln auch nicht. Die sitzen fest wie zwei Kugeln im weiß glitzernden Büstenhalter.

Vom Galataturm aus hat man einen großartigen Blick hinüber zu den Moscheen jenseits des Goldenen Horns. Eine Kapelle spielt donnernde Rhythmen. Zwei Tänzerinnen treten auf, während das Essen serviert wird. Der Conférencier geht zu jedem Tisch und fordert zum Mitsingen und Mittanzen auf. Zwei japanische Damen werden sein Opfer und bekommen einen Kopfputz aufgesetzt, der schief auf dem Ohr sitzt. Sie versuchen vergeblich, die Tänzerin zu imitieren, vollführen mit den Hüften ungelenke Bewegungen. Die anderen Gäste freuen sich, der Touristendemütigung entgangen zu sein.

Dilek aber ist ganz auf die Tänzerin konzentriert und registriert Nuancen, die einem Laien nicht auffallen: Die Bewegungen müssten weicher sein und hingebungsvoller. Die Erotik entstehe nicht aus der Perfektion des Körpers, komme nicht von operierten Brüsten und trainierten Waschbrettbäuchen, sondern aus der Beweglichkeit, mit der sich ein Körper der Musik anschmiegt. „Wenn die nicht hier arbeitet, tanzt sie wahrscheinlich zu Hardrock", stichelt Dilek – und weiß, dass sie ungerecht ist. Allerdings hat sie sicherlich auch nicht ganz unrecht. Zwar ist sie selber keine Tänzerin, aber Experte für Bauchtanz, sagt Dilek, sei sie trotzdem. Wie jede und jeder in der Türkei.

Dilek ist eine junge Frau, die das Leben einer modernen Großstädterin führt. Sie hat für eine Public-Relations-Agentur gearbeitet und in Dänemark gelebt. Sie trägt enge Jeans und einen Ledermantel, den sie kaufte, nachdem sie den Film „Matrix" gesehen hatte. Sie wirkt alles andere als traditionell. Aber Bauchtanz, diesen Folkloretanz, der öffentlich noch immer als keineswegs ehrenwert angesehen wird, den hat sie im Blut. Auch wenn das ein Klischee ist, wie sie einräumt.

Sie kann sich noch gut erinnern an die Abende mit Freundinnen; damals, als sie noch kleine Mädchen waren. Da kam manchmal jene den Körper weich verdrehende Musik aus dem Radio oder dem laut gestellten Fernseher. Die Mädchen probierten Bewegungen aus, die sie ständig sahen: Silvester zum Beispiel war es immer einer der Höhepunkte im türkischen Fernsehen, wenn pünktlich um Mitternacht grandiose Tänzerinnen auftraten. Sie bewegten die Beine nur unmerklich. Das Wackeln der Hüften: Es war eher ein Vibrieren, das durch den ganzen Körper lief. Und dazu Ornamente, von grazilen Armen in die Luft gezeichnet.

Es ist wieder Nacht geworden in Istanbul. Im Mimi-Restaurant ist weit und breit keine Japanerin zu sehen und kein lauernder Conférencier, und die Gäste müssen auch nicht zum Tanzen aufgefordert werden.

Im Gegenteil: Sie warten nur darauf. Die Kellner servieren einen Raki nach dem anderen. Der klare Schnaps verwandelt sich, sobald Wasser dazu gegossen wird, in eine trübe Flüssigkeit, die wie Nebel im Glas aufsteigt. Es ist wie ein Sichtbarmachen des Prozesses, der klare, nüchterne Köpfe allmählich in einen alkoholisierten Tanzrausch geraten lässt.

Das Restaurant hat eine niedrige Decke; es ist ein gemütlicher Ort mit einer kleinen Tanzfläche im ersten Stock eines alten Hauses. Hinter der Tanzfläche ist eine Heimorgel aufgebaut, der ein Musiker aufpeitschende Töne entlockt. Dazu spielt ein anderer die *buzuki*, eine kleine Gitarre, und ein Sänger schlägt das Tamburin.

Eine Geburtstagsgesellschaft hat sich an einem großen Tisch versammelt. Wieder und wieder wird Raki nachbestellt. Und nach einer Weile kann man auch seine Wirkung sehen: Mit ausgebreiteten Armen beginnen die ersten, *halay* zu tanzen; jenen sirtakiähnlichen Tanz, bei dem sich alle nebeneinander stehend um die Schultern fassen und einem weißen Taschentuch hinterherwogen, das der letzte in der Reihe schwenkt. Dann ist es auch schon Zeit für den Auftritt der Tänzerin.

Hinreißend ist sie. Ein Vollweib. Und was für eines! Sie ist füllig und weich in ihren Bewegungen, ihre Blicke sind lockend und wahren gleichzeitig Distanz. In den Händen hält sie *zil*, kleine Metallteller, die sie beim Tanzen rhythmisch aneinander schlägt, ähnlich wie Kastagnetten. Alle Augen verfolgen gebannt die Tänzerin. Sie wirbelt durch den Raum, bringt Teile ihres Körpers zum Schwingen, von denen man nie geglaubt hätte, dass die sich bewegen lassen. Die Gäste stecken ihr, was anfangs befremdlich wirkt, Geldscheine in den Ausschnitt.

Sie liebt das Tanzen, sagt sie später, nach dem Auftritt, und zum Glück habe sie eine Familie, die hinter ihr stehe. Auch wenn sich einiges geändert habe in der Gesellschaft: Noch immer hafte dem Bauchtanz ein eher zweifelhafter Ruf an. Da kann es noch so viele berühmte Tänzerinnen geben wie die große Nesrin Topkapi. Was wird es schon bedeuten, wenn eine Frau spärlich bekleidet und aufreizend vor den Leuten tanzt?

Und so besteht der alte Konflikt bis heute: Man schaut es sich gern an, bewundert die Bewegungen und die Grazie, macht es abends im Kreis von Freunden nach – aber wenn jemand den Bauchtanz professionell betreiben will, halten das die Eltern zumeist für keine gute Idee. Auch wenn man damit ganz anständig verdienen kann.

Es gibt auch männliche Tänzer, aber sie sind die Ausnahme. Sie haben mit den gleichen Vorurteilen zu kämpfen, sagt İlhan. Er ist ein sehr gerade gewachsener junger Mann, der seinen Kopf leicht erhoben trägt und ihn gern etwas zur Seite neigt. Man hat den Eindruck, er schaue immer etwas auf sein Gegenüber herab.

Das liegt sicher daran, dass er sehr groß ist. Vielleicht drückt seine Haltung aber auch grundsätzlichen Stolz gegen eine erwartete Ablehnung aus. Alle Bauchtänzer mussten sich irgendwann gegen die Wünsche ihrer Familie durchsetzen. İlhan tanzt in den großen Hotels, er sagt: Bei den meisten, die den Bauchtanz zum Beruf machen, sind die Eltern geschieden oder der Vater gestorben. Kein Vater, kein Problem – zumindest nicht, wenn es um die Erlaubnis zum Tanzen geht.

Dass Bauchtanz bis heute eine fragwürdige Kunst ist, liegt an seinen Ursprüngen, sagt die Tänzerin aus dem Mimi-Restaurant. Ihre Erzählung führt in ein mythisches Dunkel – wie bei den meisten Künsten, wenn man nach ihrer Herkunft fragt; in eine graue Vorzeit, in der Priesterinnen ihn lehrten. Frauen tanzten von Kindheit an mit Bauch und Becken, um den Körper auf eine spätere Geburt vorzubereiten – und um die Geburtswehen einer Schwangeren nachzuempfinden.

Tatsache ist jedenfalls, dass der Bauchtanz aus Ägypten kam. Doch während beim türkischen *oryantal*, wie Bauchtanz genannt wird, hohe Schuhe wichtig und die Bewegungen schneller sind, bewegt man sich beim ägyptischen Bauchtanz langsamer und mit bloßen Füßen.

Der ursprüngliche Tanz wurde dann vor allem von Roma-Frauen verbreitet, ähnlich wie in Spanien der Flamenco. Die besten Tänzerinnen, sagt man noch heute in Istanbul, seien die Roma. Was manche allerdings für ein folkloristisches Vorurteil halten.

Früher bezahlte man die Tänzerinnen oft mit Schmuck. Wenn eine Frau den Hals behängt hatte, goldene Ohrringe und viele Armreifen und Kopfschmuck trug, wenn sie glitzerte wie ein wandelndes Juwel, dann hieß das: Sie ist eine der besten. Diese Art der Entlohnung findet sich bis heute in der Sitte, Geldscheine zuzustecken.

Die Tänzerin Leyla zum Beispiel ist ein Star der hervorragenden Bauchtanz-Show im Restaurant Gar. Wenn sie auftritt, verstummen die Leute. Und in den Momenten, in denen sie in ihrem rosa Oberteil und dem kostbar bestickten Rock ihren Tanz beginnt, ist ein Anflug von Magie zu spüren, der alles Billige im Restaurant vergessen lässt. Leyla, die begnadete Tänzerin, weiß von einem Mann zu berichten, der vier Monate lang jeden Abend kam, um ihr beim Tanzen zuzuschauen. Sie ignorierte ihn. Er ließ nicht locker. Dann gingen sie zusammen essen.

Er beobachtet sie manchmal noch heute, wenn sie arbeitet. Nur dass sie jetzt verheiratet sind.

Anne Zielke, *Jahrgang 1971, ist Redakteurin der* Frankfurter Allgemeinen Sonntagszeitung *und lebt in Berlin.*

Hinter der
Nuruosmaniye
Tor öffnet sic
unter prachtvo
verzierten Gewöl
ben der größt
geschlossen
Basar der We

Text: Merle Hilbk
Fotos: Murat Türemiş

Sechzig Gassen, 4500 Läden, 20 000 Händler und Basargehilfen, bis zu einer halben Million Besucher pro Tag – der Große Basar, von Mehmet II. erbaut, ist eine Stadt in der Stadt

Sultans

Shopping-Center

Schneiderin Gülseren Camcı ist eine der wenigen Frauen im Basar. Nach ihren Bauchtanzkostümen verlangen Kundinnen aus aller Welt

Außen schlicht, innen prächtig: In Sichtweite des Palasts gründete der Herrscher ein Welthandelszentrum

Unter den Kuppeldächern haben sich die Läden etabliert, die Werkstätten liegen nebenan

Glanzstücke: Die Perlen von Sağıroğlu, dem größten Perlenhändler der Türkei, werden aus China importiert

Die Karriere des Muhlis Günbattı verlief wie ein amerikanischer Traum – vom Tellerwäscher zum Millionär. Allerdings in einer türkischen Fassung, und die kann nur an einem einzigen Ort spielen: dem „Kapalıçarşı", dem Bedeckten Markt von Istanbul. Oder, wie er heute meist genannt wird, dem Großen Basar.

Mit acht Jahren verließ Muhlis, Sohn eines Landarbeiters aus Ostanatolien, auf der Ladefläche eines Lastwagens sein Dorf. Auf dem Basar arbeitete er sich hoch, vom Laufburschen zum Lehrling eines Teppichhändlers, danach vom Verkäufer zum Eigentümer eines Stoff- und Teppichgeschäfts, in dem die Prominenz einkauft.

Drei Fremdsprachen hat Muhlis während seiner mehr als 40 Jahre dauernden Basar-Karriere gelernt, in Abendkursen und später im Selbststudium, mit Hilfe von Zeitschriften und im Gespräch mit Kunden.

Der 51-Jährige ist heute das gute Gewissen des Basars: Wenn ein Händler Rat braucht oder einen Dolmetscher, wenn es Streit gibt um die Qualität der Waren oder die ungeschriebenen Regeln des Marktes – Muhlis ist zur Stelle, erklärt und beschwichtigt, entscheidet und richtet. Sein Wort hat Gewicht in dieser Männergesellschaft, in der Ehre und ein tadelloser Ruf wichtig sind.

Menschen wie Muhlis Günbattı sind auf dem Kapalıçarşı nicht selten. Mancher Händler, der heute hinter seinem reich dekorierten Schaufenster sitzt, ist als Halbwüchsiger an den Bosporus geflüchtet. Wollte weg aus seinem Dorf, in dem sich die Männer die immer gleichen Geschichten erzählten: Von Bekannten, die es in Istanbul zu etwas gebracht haben, die einen Laden besitzen, ein Auto und einen guten Leumund.

Der Kapalıçarşı ist Glücksschmiede und wirtschaftliches Energiezentrum der Türkei, Umschlagplatz für Waren und Meinungen, eine Touristenattraktion. Und er ist eine der letzten Bastionen einer Welt, in der Arbeit und Entspannung, Essen und Beten, Kommerz und Wohltätigkeit noch untrennbar miteinander verbunden sind.

Es ist eine Welt der schmeichelnden Worte, der sanften Farben und schlendernden Schritte. Wer unter dem mit Halbmond und Speeren verzierten ottomanischen Wappen hindurch in die große Kuppelhalle tritt, wird von einem warmen, gelben Schimmer empfangen, der aus den verglasten Fronten der kleinen Läden dringt. Ein Schimmer, der die protzigen Auslagen der Schmuckhändler zum Glänzen bringt und sich wie ein milder Schleier übers Gemüt legt. Mystisches Licht, wie aus einer Verfilmung von „Tausendundeiner Nacht".

Dennoch hat der Große Basar mit dem Klischee vom morgenländischen Märchen heute nur noch wenig gemein. Vergeblich suchen Touristen aus Europa nach den Bildern und Geräuschen, die in ihrer Vorstellung die Stimmung eines orientalischen Marktes ausmachen, nach Ladenhöhlen mit verborgenen Schätzen, nach alten

Händlern, die vor wackeligen Holzregalen auf Kundschaft harren und ein Geheimnis hüten. Stattdessen erwartet sie eine Art Shoppingmall in historischen Gemäuern, ein verwirrendes Konglomerat aus Billigtextil-Ständen, Kelim-Geschäften, Antiquitätenhandlungen, Werkstätten und Restaurants.

Hinter dem Nuruosmaniye-Tor beginnt die Gasse der Juweliere und Andenkenhändler. Touristen, die auf dem breiten Pflastergang schlendern, werden vielsprachig zum Eintreten aufgefordert. „Lady, a special price for you", „Kommen Sie, probieren Sie unsere Ringe, beste Qualität!" Es ist schwer, sich von den zudringlichen Stimmen, der kommerziellen Wucht, dem polierten Gold, den bedruckten T-Shirts auf der Basar-Hauptachse nicht beirren zu lassen und sich bis in die kleinen Gässchen vorzukämpfen, die von der Kalpakçılar Başı Caddesi abzweigen.

Doch es ist die Mühe wert, denn erst dort offenbart sich der versteckte Zauber des Basars. Antiquitätenhandlungen reihen sich an elegante Kelim-Geschäfte, Kramläden mit usbekischen Hochzeitskleidern und tadschikischen Nomadenmützen an Kunstgewerbe-Shops. Einer davon gehört Nihat, dem Archäologen, der auf Forschungsreisen neue Muster- und Farbideen für seine Ethno-Jacken sammelt.

Im kurdischen Imbiss Pastlar, in einem weinumrankten Innenhof gelegen, hat sich eine Großfamilie um eine Platte mit Lammfleisch und Peperoni versammelt. Im winzigen, kachelverzierten Teppichgeschäft von Nebil Basmacı wird den Kunden gerade Apfeltee serviert. „Der Basar ist kein Museum", sagt Atilla Özbey, Generalsekretär der Grand Bazaar Tradesmen Organisation und Herausgeber des Kapalıçarşı-Magazins. „Sein Angebot und sein Charakter sind genauso vom Zeitgeschmack geprägt wie andere Märkte auch."

Das war schon im 15. Jahrhundert so. Die Osmanen hatten Istanbul, damals Konstantinopel, 1453 ihrem Großreich einverleibt, das von den Alpen bis an die Arabische Wüste reichte – eine riesige Freihandelszone, in deren Mitte die Stadt am Bosporus lag. Sultan Mehmet II. träumte 1461 von einem Zentrum für Geschäftsleute und Kunden aus der ganzen Welt: Händler sollten Waffen aus Eu-

Abseits der quirligen Basar-Pisten: In kleinen Seitengassen offenbart der Kapalıçarşı seine wahren Werte

Muhlis Günbattı handelt mit Teppichen, Wandbehängen, Decken und Hochzeitsmänte

fing als Laufbursche an, heute ist er Millionär – und das gute Gewissen des Basars

Gewürze aus dem Nahen und Konserven aus dem Fernen Osten auf dem Ägyptischen Basar

Das Motto der Basaris: Ehrliche handeln mit Ehrlichen, Betrüger mit Betrügern

Straßenhandel unter Balkendecken: Der Ledermarkt, Teil des Großen Basars, zählt bei Touristen zu den meist gesuchten Orten

ropa und Gold aus Arabien feilbieten, Edelsteine und Silbergeschirr von der Seidenstraße, kostbare Stoffe aus China, Felle und Leder aus den anatolischen Bergen.

In Sichtweite seines Palasts ließ der Herrscher eine erste Kuppelhalle errichten. Der Andrang der Händler war so groß, dass Mehmet II. bald den Bau einer weiteren Kuppelhalle befahl, um die herum sich schnell ein Geflecht von Werkstätten und Karawansereien auszubreiten begann. Der Kapalıçarşı, bis heute der größte geschlossene Basar der Welt, wurde zu einer Stadt in der Stadt, von über 1000 Zünften kontrolliert.

Jede von ihnen wurde und wird bis heute von einer Volksgruppe dominiert. Die Armenier sind bekannt als Silberschmiede, die Usbeken haben sich einen Namen mit fein gewebten Stoffen und Stickereien gemacht, die Kurden mit farbenprächtigen Kelims und die Türken mit sorgfältigen Schneiderarbeiten.

Wer schlecht arbeitete oder Waren zu überhöhten Preisen verkaufte, wurde von der Gemeinschaft ausgeschlossen. „Ehrliche handeln mit Ehrlichen, Betrüger mit Betrügern", lautet der Grundsatz der Basaris.

Bis ins 19. Jahrhundert blieb der Basar das wirtschaftliche Herz Istanbuls. Dann entstanden in den Stadtvierteln Eminönü und Beyoğlu neue Handelsgesellschaften, Büros und Banken. Kaufleute verließen den Kapalıçarşı, um draußen elegante Boutiquen und Antiquitätenläden zu eröffnen. Das Zunftsystem und die Sozialordnung brachen zusammen, der Basar verfiel.

In den sechziger Jahren des vergangenen Jahrhunderts schließlich tauchten auf dem Basar plötzlich Waren auf, die es nirgendwo sonst im Land zu kaufen gab: Nestlé-Schokolade, Parkas und Marlboro-Zigaretten. Metin, Geschäftsführer eines Exportunternehmens, erinnert sich, wie er hier als Student seine erste Levis erstand: „Wir sind in den Basar gegangen wie heute die Jugendlichen zu Gap und Foot Locker. Alles, was Trend war, gab es in den Hallen."

In den achtziger Jahren machten die Basaris ihren Umsatz mit krisensicherem Goldschmuck. Bis zu hundert Tonnen im Jahr wurden über die Ladentische gereicht. Der Kapalıçarşı erstrahlte in altem Glanz und wurde wieder zum Haupthandelszentrum der Stadt. Heute strömen in den Sommermonaten pro Tag bis zu einer halben Million Besucher durch seine Gassen. Touristen zumeist.

Die Einheimischen treffen sich eher im Ägyptischen Basar, jenem Markt, der in der Mitte des 17. Jahrhunderts am Ufer des Goldenen Horns entstand. Dort ist das Licht greller, sind die Stimmen lauter. Es riecht nach Nelken, Kardamom und Zimt, nach Fisch, Fett und Schweiß. Frauen mit gewaltigen Einkaufskörben wuseln zwischen Tomatenpyramiden, Datteltürmen und armlangen Holzkästen mit Honigwaben hin und her. Männer mit breiten Schultern und dicken Goldketten lassen sich Kaviar und Jakobsmuscheln abwiegen.

Am Stand nebenan kosten Rucksacktouristen in der Pfanne frittierte Kunefe, süße Fladennudeln, ziehen die Mundwinkel zusammen vor Schreck über so viel Süße. Der Ver-

Leuchtende Farben, verspielte Formen: orientalische Glasleuchten sind ein Highlight in der Kavaflar Sokak

käufer lacht und kassiert zwei Millionen türkische Lira, gerade mal anderthalb Euro. „Ausländerpreise!", schimpft der türkische Begleiter der Reisenden. „Beim nächsten Mal lasst mich verhandeln."

Familie Bilal hat größere Probleme mit der Zahlungsbereitschaft ihrer Kunden. Als die Bilals sich 1985 mit einer Kleiderfirma im Büyük Yeni-Han niederließen – einer alten Karawanserei auf dem Basargelände mit Dutzenden kleiner Werkstätten –, bestellten die Großhändler mehr als 1000 Anzüge pro Saison. Heute sind es gerade einmal 200, und die werden meist erst nach dem Weiterverkauf bezahlt. „Die Leute kennen nur noch ein Wort: Discount", schimpft Sohn Ismail. „Die wenigsten wissen, dass die Stücke von Hand gearbeitet sind."

Wie zu Zeiten des Osmanischen Reichs sind viele Händler auch Handwerker und stellen ihre Produkte in den Werkstätten des Basars her. Dabei gleichen Silbergeschirr, Schmuck, Kleider, Keramikfliesen und Bilderrahmen oft industriell gefertigter Massenware: Das Silber ist aufs Feinste poliert, die Muster auf den Fliesen und die Schnitte der Lederjacken sind aus Bestellkatalogen kopiert. „Alle wollen sich dem west-europäischen Geschmack anpassen", sagt Ismail.

Für die Firma sei eine Adresse im Basar wichtig. „Die Zwischenhändler gehen von Werkstatt zu Werkstatt und vergleichen Preise und Qualität. Von denen käme niemand zu uns, wenn wir am Stadtrand produzierten."

Doch jetzt will die Stadt die Produktionsstätten aus dem Basar verbannen. Das haben die Bilals vor ein paar Monaten in der Zeitung gelesen. Die Maschinen und der Lastwagenverkehr in den Gassen würden die historische Bausubstanz bedrohen.

Wie er ohne seine Zulieferer aus dem Han, ohne die Teestuben, das Hamam und ohne die Basargemeinschaft auskommen soll – „unvorstellbar", sagt Vater Bilal und schüttelt den Kopf. „Absolut unvorstellbar."

Fünfmal am Tag schallt von der Beyazıt-Moschee der Gebetsruf des Muezzin herüber. Händler rollen Gebetsteppiche vor ihren Läden aus. Die Geschäfte ruhen, die Betenden knien in den Gassen. Der Glaube strukturiert nicht nur den Tag, sondern auch die Geschäftsmoral. Der Koran verbietet Wucher und Betrug ebenso wie Profitstreben. Deshalb spenden die meisten Händler einen Teil ihrer Gewinne armen Familien und wohltätigen Stiftungen – ein wichtiger Teil des türkischen Sozialsystems.

Die Zukunft der Basaris ist ungewiss. Auch Muhlis Günbattı, der erfolgreiche Stoff- und Kelim-Händler, rätselt manchmal, wie es weitergehen soll. Deutsche, die noch vor ein paar Jahren 40 Prozent seiner Kunden ausmachten, verirren sich nur noch selten in seinen Laden. Am liebsten wäre es ihm, wenn er das Geschäft bald seiner Tochter überlassen könnte. Doch die will nicht.

„Was soll ich im Basar?", hat sie den Vater verwundert gefragt, als er ihr den Laden anbot. „Draußen kann man doch viel mehr Geld verdienen."

Merle Hilbk, *Jahrgang 1969, war Redakteurin bei* Spiegel *und* Zeit *und arbeitet als freie Journalistin in Hamburg.*

▶ *Karte Basar siehe S. 136*

Hier sind Arbeit und Entspannung, Essen und Beten noch untrennbar verbunden

Wenn der Ruf des Muezzin ertönt, beten die Kaufleute in den Basarstraßen

EINFACH MAL AUSSTEIGEN:
SCHON BEI DER ANKUNFT IST DER
ALLTAG VERGESSEN.
Four Seasons Resort
Hualalai im historischen
Kaʻupulehu auf Hawaii
FOUR SEASONS
Hotels and Resorts
Lassen Sie sich verzaubern. Von einer paradiesischen Welt, die Ihnen in bester Erinnerung bleibt. Wo sich Service und Ambiente mit schönsten Aussichten messen, gewinnen Sie die außergewöhnlichen Perspektiven, die Ihnen nur ein wacher Geist schenken kann. Für Ihr Wohlbefinden sorgen indes die dienstbaren Geister im dezenten Hintergrund. Von Bali bis Palm Beach erwarten Sie im Four Seasons unvergessliche Erlebnisse. Reservieren Sie in Ihrem Reisebüro, rufen Sie uns an: 069/664 19 826 und 00800/6488 6488 – oder schauen Sie mal vorbei: www.fourseasons.com
FÜNFZIG HOTELS. ZWEIUNDZWANZIG LÄNDER. EINE PHILOSOPHIE.
©2001 Four Seasons Hotels Limited

Gehört zu jedem Essen: Fladenbrot mit Sesam und Schwarzkümmel, dazu Oliven

Schlemmerorgie

Die türkische Küche erfand nicht nur poetische Namen für ihre Gerichte – sie ist eine der besten der Welt

Text: Klaus Trebes

Die türkische Haute Cuisine basiert auf der simplen Küche zentralasiatischer Hirtenvölker. Als die Osmanen ihr Imperium im 14. Jahrhundert nach Westen und Osten ausweiteten, nahm sie immer mehr fremde Einflüsse auf. Diese Assimilierung spiegelt sich in den Namen von Gerichten wie Albanische Leber, Tscherkessisches Huhn; aus Griechenland kam *avgolemon* (Ei mit Zitronensauce), *hummus* und *lahmacun* wurden aus Syrien und dem Libanon übernommen. Andererseits stammen tunesische *briks* und *briuats* aus türkischen Börek-Bäckereien, türkische Süßspeisen haben sich über den Balkan und den gesamten Orient verbreitet. Selbst Wiener Hörnchen, Croissants, Blätterteig, Pudding und Cremetorten lassen sich auf osmanische Vorfahren zurückführen.

Die Küche Istanbuls war in erster Linie eine Küche des Serails, des imperialen Hofes. Beamte und Oberschicht orientierten sich am Herrscherhaus. Während im Westen eine neue Hochküche erst allmählich im Entstehen war, stand sie im Osmanischen Reich im 16. Jahrhundert bereits in voller Blüte.

In der Großküche des Topkapı-Palastes gab es Abteilungen für *börekci* (Börek-Bäcker), *baklavacı* (Süßigkeiten-Bäcker), Spezialisten für *pilavcı* (Reiseintöpfe), Kebap- und Bratenmeister sowie *köfteci*, die nur die farcierten Bällchen herstellten. Ihr Ehrgeiz bestand darin, immer neue Gerichte zu kreieren: Hackfleisch-Köfte, Spinat-Köfte, Bällchen aus Bohnen oder Linsen, Köfte von Aprikosen, Karotten und Pinienkernen, Frikadellen aus Fisch oder Garnelen, Lammhack mit einer würzigen Nussfüllung, das als „Schwiegermutter-Bällchen" noch heute zur Hochzeitstradition gehört. Frauenschenkel wurde eine Bulette genannt, die aus angebratenem Fleisch, Reis und frischem Hack geknetet und mit viel Zimt gewürzt wurde.

Die blumigen Namen der Gerichte entstanden zur Zeit Süleymans I., genannt „der Prächtige" (1520–1566). Der Sultan war ein Förderer der Künste und inszenierte ein höfisches Leben voller Prunk; er besaß einen großen Harem und feierte rauschende Gelage. Seine *baklavacı* schufen zarte, süße Gebilde, die sie Jungmädchenbrüste (*kız memesi*), Frauennabel (*kadın göbeği*) oder Lippen der Geliebten (*dilber dudağı*) nannten.

Bei meinem ersten Besuch 1966 war Istanbul noch ein orientalisches Idyll: dörfliches Leben am asiatischen, Sommerfrische und Fischerdörfer am europäischen Bosporusufer, in Pera, der Gegend um den Galataturm, europäische Eleganz mit Konditoreien, französischen Cafés und griechischen Tavernen. Döner habe ich damals nur in einem Spezialitäten-Lokal für Fleischgerichte aus der Stadt Bursa gefunden, als *iskender kebap*.

Später, 1971, die erste Bosporusbrücke war noch nicht gebaut, hatte sich bereits vieles geändert. Hunderttausende waren aus Anatolien nach Istanbul geströmt, sie brachten Gerichte aus ihren Heimatstädten Urfa, Gaziantep und Adana mit und hatten die scharfen Chiliflocken im Gepäck, die so viele Fleischgerichte feurig würzen. Jetzt isst man auch in Istanbul *çiğ köfte* mit 20 Gewürzen, aus rohem Lammfleisch mit *bulgur* geknetet. Köche vom Van-See und vom Ararat-Berg im äußersten Osten der Türkei bereiten *mantı*, Ravioli mit Joghurt zu, und die Nachkommen der Bewohner der Schwarzmeerküsten Rotkohl-Suppe und Sardellengerichte.

Basis für die Istanbuler Küche sind Fisch, Gemüse, Hülsenfrüchte, Nüsse, Honig, Oliven, eingelegte Pickles, Kräuter und Gewürze, Käse und Joghurt. Und Fleisch, das früher dem Hof, den Reichen und den Janitscharen vorbehalten war. Auch heute ist es eher eine Zugabe und wird nicht in großen Portionen serviert. Es ist hauptsächlich Lammfleisch und Huhn, seltener Kalb. Rindfleisch wird zu *sucuk* verarbeitet, einer scharfen Wurst, und zu *pastırma*, einem luftgetrockneten Schinken mit Gewürzkruste, bestehend aus Bockshornklee, Kreuzkümmel, Paprikaflocken und Knoblauch.

Fisch ist in Istanbul in begeisternder Fülle und Frische auf dem Markt. Im Schwarzen Meer werden Sardine, Sardelle, Blaufisch, Stöcker, Makrele, Meeräsche und der prächtige Steinbutt gefangen, im Marmarameer und der Ägais Rotbarbe, Languste, Garnele, Kalamar, Dorade, Wolfsbarsch, Schwert- und Tunfisch. Viele Fische werden lebend verkauft, Makrele, Bonito und Tunfisch eingesalzen, andere getrocknet angeboten. Es gibt Äschenkaviar, Tunfischrogen, in Essig marinierte Sardinen und Anchovis. Und geschmuggelten Kaviar aus Russland.

Vor allem aber macht Gemüse den Reichtum der türkischen Küche aus. Nationales Symbol ist die Aubergine, allgegenwärtig als geräucherte Creme, gefüllt, gegrillt, gebraten, in Eintöpfen; auf den Märkten hängt sie an langen Schnüren an den Ständen.

Hinzu kommen Zucchini, Kürbis, Favabohne, Gurke, Rote Bete, Lauch, Spinat, Zwiebel, Knoblauch und Okra, Tomate und Paprika wurden aus der Neuen Welt eingeführt und dankbar ins Repertoire aufgenommen. Hülsenfrüchte wie Bohnen, Kichererbsen, Saubohnen, Linsen finden in Eintöpfen Verwendung, Oliven gibt es in kaum zählbaren Sorten.

Obst ist ebenfalls in überwältigender Vielfalt vorhanden – Melonen, Feigen, Quitten, Kirschen, auch als Saft, ebenso Granatäpfel. Aprikosen und Maulbeeren kommen getrocknet oder frisch auf dem Markt, Feigen, Trauben und Korinthen werden oft zu Püree gekocht und als Matten getrocknet oder mit Nüssen gefüllt. In Desserts werden Walnüsse, Haselnüsse, Pistazien und Mandeln verwendet, in Füllungen für Fleisch und Gemüse finden sich Pinienkerne, Mandeln, Kastanien.

Petersilie, Dill und Minze sind die am häufigsten benutzten Kräuter, daneben Oregano, Salbei, Thymian und Lorbeer, frisch und getrocknet. Märkte und Lokale duften nach Zimt, Nelken, Kreuzkümmel. *Kırmızı biber*, geölte Paprikaflocken, sind als Würze unerlässlich, sie werden über das Fleisch gestreut und sind, mit zerlassener Butter und Joghurt, eine Krönung für viele Gerichte. Ihr Aroma bleibt, wie Piment, Kreuzkümmel und die pikante Säure des *sumak*, als Erinnerung an türkische Gastfreundschaft noch lange haften.

Istanbuls Köche waren einst ständisch organisiert. Ähnlich wie in der großen Küche des Serails gab es Börek-, Pudding-, Grillfleisch-, Pilav-, Fisch-, Dolma- und Gemüse-Köche, und so unterscheiden sich die Restaurants und Lokale zum Teil noch heute. Selten werden Fisch und Fleisch in ein und demselben Restaurant serviert. Um die vielfältige Küche Istanbuls wirklich zu erfahren, sind also mehrere Lokalbesuche nötig.

Beginnen wir die kulinarische Reise mit einer mezze-Tafel. Ursprünglich wurden sie nur in den *meyhane*-Tavernen serviert, die ausschließlich Männern vorbehalten waren. Zum Glück haben sich die Zeiten geändert. Über 200 Rezepte sind aus der Palastküche überliefert. Da werden zunächst frische Melone, Schafskäse, Joghurt, Oliven und Essiggemüse aufgetragen und die Gläser mit Rakı gefüllt. Immer ist ein Auberginenpüree dabei, das leicht geräuchert schmecken soll, dann *hummus* aus Kichererbsen, Möhrenpüree mit Joghurt, Chili-Tomaten-Dip, Joghurt mit Aprikosen, gegrillte Paprika, vielleicht auch Spinat mit Joghurt, kleinen Korinthen und Pinienkernen – Aromen, die selbst Spinatverächter begeistern.

Die Edlen unter den Früchten: Granatäpfel

In Fischlokalen werden als *mezze* auch kleine Gemüsevorspeisen gereicht, daneben *tarama*, ein Püree aus Fischrogen, Oktopussalat, Muscheln in Bierteig mit *tarator*-Sauce aus Haselnüssen, Rote-Bete-Salat mit Joghurt. Es folgen gesalzener Bonito, Sardellen in Essig, Sardinen in Weinblättern, Köfte aus Fisch.

Bei anderen Gelegenheiten werden würzige Zucchini-Käse-Puffer und gefüllte Kohlblätter aufgetischt. Und *sigara böreği*, luftige Röllchen aus hauchfeinen Teigblättern, mit Käse gefüllt. Legendär ist *imam bayıldı*, „Der Imam fiel in Ohnmacht", ein Auberginengericht. Böse Zungen behaupten, die Ohnmacht des Sultans sei der Verschwendung des teuren Olivenöls in diesem Gericht geschuldet. Zwiebeln, Knoblauch, Kräuter und Tomaten werden mit halbierten Auberginen kombiniert, Olivenöl, Zucker und der Saft der Gemüse karamelisieren zu einem kulinarischen Märchen.

In der Taverne folgen Scheibchen von Pastırma-Schinken mit Tomate und Zitrone in dünnem Strudelteig, heißes Kichererbsenpüree mit Pinienkernen, Salat vom Lammhirn oder, selten, die „Glocken des Glücks" – Scheiben von gegrillten Hammelhoden. Ehe man sich versieht, ist man schon satt und läuft Gefahr, die Hauptgerichte gar nicht mehr kosten zu können – nicht auszudenken, angesichts eines *pilav* mit Anchovis, Muscheln oder Garnelen, gefüllten Kalamaren oder mit Zimt und Tomaten gewürztem Blaufisch-Ragout.

Süß, süßer, türkischer Nachtisch: *baklava* und *lokum*

Uşkumru dolması, frittierte gefüllte Makrele, ist ein Kunstwerk der türkischen Küche: Der Fisch wird durch die Kiemen ausgenommen, Fleisch und Gräten entfernt, ohne die Haut zu verletzen. Das Fleisch, mit Reis, Pinienkernen, Korinthen, Kräutern und Gewürzen wie Nelken, Piment und Zimt vermischt, wird wieder eingefüllt. Wunderbar sind auch gegrillte kleine Rotbarben, Doraden in Pergament, gebackene Garnelen im Tontopf, Wolfsbarsch im Salzmantel oder ein ganzer Steinbutt aus dem Ofen.

Ist Fleisch vom Grill die Spezialität des Hauses, so wird man einen *şiş-kebap* auf Auberginenpüree reichen, das seinen Namen *hünkar beğendi*, „Das Entzücken des Sultans", zu Recht trägt. Oder *iskender kebap*, serviert auf Fladenbrot, mit einer Tomatensauce und Joghurt. Vielleicht auch Döner aus Lamm- oder Kalbfleisch, mit Paprikaflocken, *sumak* und Joghurt, dazu einen Salat aus Zwiebeln, Petersilie, Minze und Chilis. Oder aus Tomatenwürfeln mit Granatapfelsaft – eine kulinarische Entdeckung. Huhn, mit Okra im Tontopf geschmort, oder mit Wachteln gefüllte Auberginen wären Alternativen.

Wahre Zauberer sind die Dessertköche. Da gibt es Spezialisten für baklava und für die Herstellung des kadayıf-Teigs, aus dem dann „Mädchenbrüste" und „Frauennabel" entstehen. *Muhallebici* sind zuständig für die Zubereitung der Milchpuddings, der traditionellen Eiscreme, für *helva* und *kaymak*, eine wunderbar feste Sahne. Ich liebe Quitten in Sirup mit *kaymak*, den saftigen Joghurtkuchen und die Konfitüren aus Feigen, Auberginen oder Rosenblüten.

Zum Essen trinkt man ein Glas *ayran* – Joghurt, halb mit Wasser aufgeschlagen und mit Salz, Minze oder Sumach gewürzt. Oder *şalgam suyu*, ein säuerliches Getränk aus Rüben oder Roten Beten. Kirschsaft und *şerbet* aus Rosenwasser, Zitronen oder Maulbeeren erfrischen im Sommer. Zwei Getränke sind vor allem im Winter beliebt: Das leicht bittersüße *boza* besteht aus vergorenem *bulgur* und Reis. Mit Zimt bestreut, wird es von Straßenhändlern, in Puddinggeschäften und kleinen Schänken angeboten. *Salep* ist heiße Milch, die mit Zimt, Ingwer und der pulverisierten Wurzel der Salep-Orchidee aufgekocht wird.

Kahve, der türkische Mokka, ist Abschluss eines jeden Mahls. Das Kaffeepulver wird mit Wasser und Zucker im langstieligen Topf, *cevze*, aufgekocht. Man trinkt ihn *tatlı*, süß, *orta*, mittelsüß oder *sade*, ganz ohne Zucker.

Klaus Trebes, *Jahrgang 1947, ist freier Autor und Inhaber des Restaurants Gargantua in Frankfurt am Main. Köfte und mezze sind seine Lieblingsgerichte aus der türkischen Küche.*

Ausgehen
Übernachten
Sehenswertes
Essen & Trinken
Golfanlagen
Routing
Das GOLFMAGAZIN bewertet: Hervorragendes Golfzentrum im Münchner Norden, mit Championship-Platz, öffentlichem 18-Löcher-Platz (Eschenhof) und einer 9-Löcher-Übungsanlage
MERIAN scout
Reiseführer mit Navigation im Auto
Mit Platzbeschreibung vom GOLF magazin
Deutschland DX
Golf special 2002
BLAUPUNKT TravelPilot DX
Jetzt mehr als 160.000 Reiseziele
Golfanlagen: Über 600 vom Golfmagazin bewertete Anlagen
Übernachten: Über 3.600 Hotels, Motels und Pensionen
Essen und Trinken: Über 5.900 Restaurants, Cafés, Weinstuben, Schnellrestaurants
Ausgehen: Über 1.200 Theater, Konzertsäle, Kneipen, Bars, Spielkasinos
Sehen und Erleben: Über 2.300 Historische Bauwerke, Schlösser, Museen, Parks
Nützliche Adressen: Über 5.900 Ministerien, Flughäfen, Fähren, Bergbahnen
Digitale Karte: Mit mehr als 500.000 Straßenkilometern
The reference in digital mapping Tele Atlas
Jetzt bestellen:
Serviceline 0180/5325335
oder unter
www.merianscout.de
Gut getroffen mit MERIAN scout.
Der digitale Golf- und Reiseführer plus Navigations-CD
Mit MERIAN scout Golf special 2002 und Ihrem Autonavigationsgerät finden Sie spielend die schönsten Grüns. Über 630 Golfplätze, mehr als 160.000 Reiseziele und alle befahrbaren Straßen in Deutschland.
MERIAN scout. Der digitale Reiseführer.
www.merian.de
MERIAN
Die Lust am Reisen

Der Übervater

Er war der Begründe fotografieren und wird bis heute wie ein Popstar verehrt: Mustaf

Text: Michael Winter

Atatürk ist überall. Er lächelt von Uhren, Seifendosen und Kaffeetassen. Sein Porträt hängt in fast jedem Lokal, wie hier im Umut Ocakbaşı in Beyoğlu

Man stelle sich vor, Bismarck und Adenauer wären bei deutschen Jugendlichen mindestens so beliebt wie Britney Spears oder Oliver Kahn. Undenkbar? Genau das ist bei jungen (und älteren) Türkinnen und Türken der Fall – gerade bei denen, die in Deutschland leben. Sie verehren einen Mann, der auf Fotos wie ein Hollywoodstar der dreißiger Jahre aussieht. Ein Grandseigneur, ein Gentleman. Stets korrekt gekleidet im Dreiteiler mit Kavalierstuch, Blick wie Hans Albers: Mustafa Kemal, der seit 1934 den Ehrennamen Atatürk trägt („Vater der Türken"), Gründer der modernen Türkei.

Das Bild des Nationalheiligen ist allgegenwärtig, wo Türken leben, und wer daran kratzt, bekommt die geballte Wut eines stolzen Volkes zu spüren. Egal, wie weit die einzelnen von ihrem Land und seinen Traditionen entfernt leben.

Ich habe diese Wut erfahren, als ich 1997 zum 75-jährigen Bestehen des modernen türkischen Staates ein kritisches Porträt Kemal Atatürks veröffentlichte. Es setzte ein Sturm des Protests ein: „Einseitig, negativ, beleidigend." „Haben Sie Kemal Atatürk mit Hitler verwechselt?" „Der Bericht über Atatürk hat mich schockiert und tief verletzt." Es gab auch positive Stimmen. Sie waren in der Minderzahl. Die Zitate aus den Leserzuschriften zeigen, wie sehr Kemal Atatürk die Seelen der meisten Türken bis heute beherrscht. Lebendige, kultische Verehrung für einen Staatsmann, die nicht auf Regimezwang beruht, ist ein seltenes und erstaunliches Phänomen.

Wie wird einer im 20. Jahrhundert zum Vater einer Nation, als stünde er wie Lykurg oder Romulus am Anfang der Geschichte oder wie George Washington in einem nach europäischem Verständnis geschichtsfreien Raum? Wie kommt ein Junge vom unteren Ende der Gesellschaftspyramide an die Staatsspitze? Das Osmanische Reich war kein Ständestaat. Das System ermöglichte unterschiedslos jedem Muslim (auch einem zum Islam übergetretenen Christen) den Aufstieg durch alle Verwaltungsebenen. Voraussetzung war der Besuch der Militärschulen.

Schenkt man den Biografen Glauben, war sich Mustafa Kemal, 1881 in Saloniki geboren, schon früh seiner Mission bewusst. Mustafas Vater brachte kurz vor seinem Tod den Sohn gegen den Willen der streng gläubigen Mutter auf diesen Weg, und der Knabe nutzte seine Chance.

er modernen Türkei, ließ sich als Dandy
:emal Atatürk. Annäherung an einen radikalen Visionär

In den führenden türkischen Offiziersfamilien herrschte der Geist westlicher Zivilisation. Mustafa kam mit europäischer Geschichte, Literatur und Philosophie in Berührung, las Voltaire, Rousseau, Auguste Comte, John Stuart Mill. Im Ersten Weltkrieg erhielt er ein Kommando unter dem Oberbefehl des deutschen Generals Otto Liman von Sanders auf der Halbinsel Gallipoli. An diesem Frontabschnitt errang er den einzigen Sieg der Türken und Deutschen über die Alliierten, wurde dafür zum General befördert.

Nach der Besetzung des Osmanischen Reichs durch die Alliierten stürmte Kemal nach Anatolien, sein Ziel klar vor Augen: Ein Volk, ein Land, eine Sprache, eine Kultur. „Wir müssen uns der östlichen Zivilisation entziehen und der westlichen zuwenden. Wir müssen die Unterschiede zwischen Mann und Frau aufheben.(...) Wir müssen die Schrift, die uns hindert, an der westlichen Zivilisation teilzunehmen, abschaffen (...) und wir müssen uns in jeder Beziehung, bis hin zu unserer Kleidung, auf den Westen hin ausrichten." Mustafa Kemal schuf seinen Staat auf dem Telegrafenamt. Tag und Nacht schloss er sich dort ein und hämmerte seine chiffrierten Botschaften in die Drähte: Wehrt euch! Lieber tot als auf Knien leben! Nie zuvor in der Geschichte der Menschheit nahm ein Staat virtuell in einem Kommunikationsnetz Gestalt an, ehe er politisch verwirklicht wurde.

Noch 1920 war Kemals Macht über Anatolien eine Fiktion, begründet auf Telegrammen. Sein Glück war es, dass die Alliierten an Anatolien wenig Interesse hatten und kriegsmüde waren. Es gelang ihm, die Griechen in drei Schlachten zu schlagen, die Armenier über die russische Grenze zu treiben und jeden Widerstand der Kurden zu brechen. 1922 wurde mit der Absetzung des Sultans die Monarchie beseitigt. Die Alliierten rieben sich die Augen. Im Frieden von Lausanne, 1923, konnte die Türkei ihre Souveränität über ein Territorium erwirken, das mit dem heutigen Staatsgebiet fast identisch ist. Doch Mustafa Kemal, seit Oktober des gleichen Jahres erster Präsident der Türkischen Republik, war noch längst nicht am Ziel.

Den Umsturz des türkischen Alltags organisiert er wie eine Schlacht. 1924 wird das Kalifat abgeschafft, und damit der Führungsanspruch über die islamische Welt. Später wird der Satz aus der Verfassung gestrichen, der als Staatsreligion den Islam vorschreibt. Von 1925 an werden alle Türken gezwungen, westliche Kleidung zu tragen. Kemal reist mit einem Panamahut durch die Provinz. Meine Religion ist die Logik, predigt er von den Balkonen. Ein Hut mit Rand ist für den gläubigen Muslim eine der schlimmsten Beleidigungen Allahs. Mustafa Kemal verhängt drastische Strafen gegen den Fes. Einigen wird die alttürkische Kopfbedeckung auf dem Schafott vom Kopf gerissen.

Die Presse wird zensiert. Aber die Fotografen dürfen Kemal bei allen Gelegenheiten ablichten, bei denen er gegen den Koran verstößt. Er lässt sich in Badehose und beim Tango filmen. Er trinkt öffentlich Rakı. Kein islamisches Land war je einem solchen Erdbeben ausgesetzt. 1926 wird das Bürgerliche Gesetzbuch nach Schweizer Vorbild eingeführt, kurz darauf folgen das deutsche Handelsrecht und das italienische Strafrecht. Mit dem türkischen Code civil ist das westliche Eheschließungs- und Scheidungsrecht in Kraft getreten. Der Schleierzwang wird abgeschafft. 1933 erhalten die Frauen aktives und passives Wahlrecht. In den Familien herrscht Ratlosigkeit. Der große Reformer umgibt sich mit emanzipierten Frauen. Eine seiner Adoptivtöchter ist Pilotin. Seine Ehe mit einer westlich erzogenen Tochter aus einer reichen Kaufmannsfamilie scheitert kläglich.

1928 überfällt der Präsident sein Land mit einer Alphabetisierungskampagne. Die arabische Schrift wird abgeschafft, das lateinische Alphabet eingeführt. Eine Sprachkommission reinigt die türkische Sprache von allen Einflüssen des Arabischen und Persischen. Alle Sechs- bis Sechzigjährigen müssen die Schulbank drücken. Aber die Türken bekommen nicht nur eine neue Schrift verpasst, ihr Tag wird obendrein in 24 Stunden eingeteilt, der Kalender vom Mond- auf das Sonnenjahr umgestellt und der Sonntag zum Feiertag gemacht. Von heute auf morgen muss jeder mit dem Dezimalsystem und mit den westlichen Maß- und Gewichtseinheiten zurechtkommen. Die orientalische Musik gilt plötzlich als Teufelszeug, und die erste staatliche Rundfunkanstalt sendet westliche Klassik und Tanzmusik.

Am 25. Dezember 1925 setzt Mustafa Kemal seine Landsleute in die Zeitmaschine. Er katapultiert sie 581 Jahre in die Zukunft, vom 14. Jahrhundert der islamischen ins 20. Jahrhundert der christlichen Zeitrechnung. Kein Volk der Neuzeit hat in einem so kurzen Zeitraum einen so radikalen Umsturz seiner Lebenswelt erfahren. Ein Millionenvolk von Bauern, das noch nie eine westliche Großstadt gesehen hatte, sollte von einem Tag auf den andern leben wie die Bürger von Paris. Kemal wusste, dass eine Revolution ohne diktatorische Vollmachten keine Chance hat. Er unterschrieb ohne jede Rührung Todesurteile. Er regierte mit Kriegs- und dem Notstandsrecht. Er herrschte mit diktatorischen Vollmachten, die er dem Parlament abpresste. „Das, was vor allem die Aufmerksamkeit festhält", schrieb der ehemalige französische Premierminister Édouard Herriot in seinen Erinnerungen, „sind seine

MERIAN - INFO Das türkische Militär

Normalerweise kostet eine Armee nur Geld. In der Türkei ist das anders. Dort erwirtschaftet sie auch welches. Ob eine türkische Hausfrau mit Tomatensauce der Firma Tukaş kocht oder den Gästen *Pizza Kraker* oder *Topkek*-Kekse anbietet – die türkischen Streitkräfte verdienen mit. Wenn eine türkische Familie eine Reise bei Oytur bucht und im Grand Otel Mercure in Izmir übernachtet – es wird die türkische Armee wieder etwas reicher machen.

Denn die Türk Silahlı Kuvvetleri, die türkischen Streitkräfte, sind zwar hoheitliche Landesverteidiger, zugleich aber auch gewinnorientierte Kapitalisten. Sie verkaufen nicht nur Tomatensauce und Knabbereien. Sie sind beteiligt an Tankstellen, einer Lebensmittelkette, Zementfabriken, Reisebüros, Banken, am Speditionsunternehmen Omsan und haben eine eigene Autoproduktion. Zusammengefasst unter dem Dach der Oyak-Gruppe führen die Militärs heute die drittgrößte Wirtschaftsholding der Türkei.

Ein militärisch-industrieller Komplex dieser Art ist in der westlichen Welt einzigartig. Im Land selbst stellt kaum jemand die Frage, ob eine solche Militär-AG politisch sinnvoll ist oder ob die Machtfülle nicht doch zu Interessenskonflikten führt. Die Armee und ihr mächtiger Generalstab gelten als unantastbar. Als Staat im Staate sind die türkischen Streitkräfte mit westlichen Armeen wie etwa der Bundeswehr nicht vergleichbar.

Die junge Bundesrepublik schuf sich 1954 per Parlamentsbeschluss mit der Bundeswehr eine Armee. In der Türkei war es umgekehrt. Dort gehörten Soldaten 1923 zu den wichtigsten Geburtshelfern des ersten türkischen Nationalstaats. Erster Staatspräsident der Türkei: ein Soldat, General Mustafa Kemal. Der von ihm geführte Befreiungskrieg gegen die westliche Entente, 1920 bis 1922, ebnete den Weg zur ersten türkischen Republik und weihte die Soldaten gleichzeitig zu Helden der Nation. „Die Armee ist geradezu die Basis unserer nationalen Existenz und im Unglücksfall der einzige Garant für unser Überleben", ließ der Staatsgründer das Volk wissen.

Der Stolz auf die Streitkräfte wird jungen Offiziersanwärtern vom ersten Tag ihrer Militärlaufbahn an eingebläut. Traditionell rekrutiert sich der Nachwuchs aus hoch begabten Söhnen vorwiegend unbemittelter Familien, die sich die teuren Privatschulen nicht leisten können. Schon mit 14 Jahren treten anatolische Bauernjungen in die Kadettenschulen ein. Auf den Militärakademien, die zum Besten gehören, was das türkische Bildungssystem zu bieten hat, wird die kemalistische Staatsdoktrin gelehrt: territoriale Integrität, Einheit der Nation, laizistische Republik, also Trennung von Religion und Staat.

Diese Staatsdoktrin, praktisch umgesetzt, kann im Zweifelsfall aber bedeuten, dass die Armeeführung die nationale Regierung absetzt, den Regierungschef hinrichtet, alle Parteien verbietet und die Opposition ins Gefängnis steckt. In der Türkei ist das alles schon passiert. Denn hier fühlt sich der Generalstab nicht nur für die Landesverteidigung zuständig, sondern für das „Gesellschaftsprojekt Türkei" insgesamt. Zwar war es Atatürks Wille, dass sich die Soldaten aus der Tagespolitik herauszuhalten haben. Auf der anderen Seite aber sei es ihre Aufgabe, den Staat vor innerer und äußerer Bedrohung bedingungslos zu schützen.

So haben die türkischen Militärs dreimal in der Geschichte der modernen Republik geputscht. Doch im Gegensatz zu den Militärjuntas anderer Länder ging es ihnen nie darum, die Demokratie abzuschaffen. Sie putschten in dem Glauben, die Republik vor ihren politischen Feinden retten zu müssen. Oder vor denjenigen, die die Generäle dafür hielten.

Heute sind rollende Panzer nicht mehr nötig; das Militär hat neue, dezentere Interventionsinstrumente entwickelt – zum Beispiel den Nationalen Sicherheitsrat. In diesem Gremium treffen einmal im Monat die fünf ranghöchsten Militärs und die türkische Regierungsspitze zusammen, um Fragen der „nationalen Sicherheit" zu behandeln. Der Inhalt der Beratungen bleibt stets geheim. Nominell mag die Türkei eine parlamentarische Demokratie sein, tatsächlich aber ist sie eine Militärdemokratie. Bis heute werden nicht nur die Regierungspolitik, sondern auch weite Teile des öffentlichen Lebens von der Generalität und ihren Auffassungen von Gut und Böse geprägt.

Den patriarchalischen Kurs nimmt das Volk den inoffiziellen Machthabern im Land nicht übel. Schenkt man den alljährlichen Meinungsumfragen in den Boulevardblättern Glauben, vertrauen 74,5 Prozent der Türken ihren Streitkräften. Die Hochachtung für das Militär hat jedoch auch mit der Verachtung für die türkische Politikerkaste zu tun. Zahlreiche Spitzenpolitiker – vom ehemaligen Staatspräsidenten Süleyman Demirel bis zur früheren Ministerpräsidentin Tansu Çiller – sind in Affären und Korruptionsskandale verstrickt. Sie haben das Image der parlamentarischen Demokratie in Grund und Boden gewirtschaftet. So scheinen die Streitkräfte vielen Türken als einzige integre Kraft in einem durch und durch korrupten Staatsapparat.

Seit nunmehr 80 Jahren beherrschen die Militärs die Geschicke der Türkei. Doch aus dem einst revolutionären Hüter des Atatürkschen Erbes, urteilt die Hamburger Turkologin Petra Kappert, ist eine restaurative Kraft geworden, die nicht nur die Republik, sondern mittlerweile auch die eigenen Interessen schützt. „Waren sie 1960 noch die radikalsten Modernisierer im Land, aber auch die Fürsprecher der sozial Deklassierten, wandelten sie sich danach immer stärker zu einer konservativen, auf den Erhalt des gesellschaftlichen Status quo bedachten Kraft." *Cornelia Uebel*

Den Westen fest im Blick: Staatsgründer Mustafa Kemal Atatürk (1881–1938)

stählernen wie Nadeln durchdringenden Blicke." Um zehn Uhr abends begannen die berüchtigten Tafelrunden, die sich bis zum Morgengrauen hinzogen. Keine Saufgelage alter Kameraden oder gar Orgien, wie die Gegner Atatürks behaupteten. Der Staatschef rief Fachleute an seinen Tisch: Ökonomen, Naturwissenschaftler, Historiker, Juristen, Architekten, Künstler, Literaten. Allerdings flossen Champagner und Rakı in Strömen. Kemal konnte, ohne außer Kontrolle zu geraten, Unmengen an Alkohol und Kaffee trinken und Zigaretten rauchen.

Kemal Atatürk hat das Abenteuer gewagt, gegen den Islam eine parlamentarische Demokratie nach westlichem Muster durchzusetzen. Doch die Demokratie geriet dabei zur Militärdiktatur. Seine Schöpfung ist seit einem dreiviertel Jahrhundert ein wankendes Gebilde zwischen Militärdiktatur und Re-Islamisierung. Im Raum dazwischen aber, so erstaunlich das sein mag, scheint auch in der heutigen Türkei immer noch genug Platz für eine stabile, lebendige und regenerationsfähige moderne Gesellschaft zu sein. Die Frage, ob es diesen Raum auch ohne Atatürk gäbe, lässt sich wohl nur mit einem Nein beantworten. Europa braucht die Türkei Kemal Atatürks.

Michael Winter, *Jahrgang 1946, lebt als freier Journalist und Schriftsteller („Pferdestärken. Die Lebensliebe der Clärenore Stinnes") in Koblenz und auf Teneriffa.*

Typisch türkisch

Text: Birgit Haustedt

Tulpe
Sie stammt aus der Türkei und nicht aus Holland. Den Osmanen war sie heilig, weil ihr türkischer Name, *lâle*, in arabischer Schrift ein Anagramm von Allah ist. Die Blüten sollten rot und möglichst dolchförmig sein, in der türkischen Blumensprache bedeutete das: Deine Schönheit hat mich entflammt.
Seit dem 16. Jahrhundert finden sich Tulpenmotive auf Seidenstoffen und Fliesen, in Holz geschnitzt und auf Metall. Vom Hof Süley-

Foto: Mehmet Gülbiz

mans des Prächtigen (1520-1566) soll der flämische Botschafter Ogier Ghislain Busbecq Tulpenzwiebeln nach Europa gebracht haben; 1559 wurde in Augsburg die erste *Tulipa turcarum* erwähnt.

Um 1600 entdeckten Holländer die Tulpe als Spekulationsobjekt: Wer in die richtigen Zwiebeln investierte, konnte reich werden. Auf dem Höhepunkt des Rausches, 1638, kostete eine *Semper Augustus* 13000 Gulden – mehr als die teuersten Häuser Amsterdams.

Im Osmanischen Reich kam die Tulpe unter Ahmet III. (1703-1730) noch einmal zu Ehren. Seine Herrschaftszeit hieß Tulpenära, *lâle devri*, weil der Blumenfan jedes Jahr aufwändige Tulpenschauen inszenieren ließ. 1726 berichtete ein Gesandter von „vieltausend verspiegelten Laternen über einem Tulpenmeer, durch das sich Schildkröten mit Kerzen auf dem Panzer bewegten“. Noch heute ist die Tulpe Symbol der Istanbuler Stadtverwaltung und ziert jeden Busfahrschein.

Fliese mit Tulpenmotiv, hergestellt in İznik in der zweiten Hälfte des 16. Jahrhunderts

„Das Türkische Bad", Gemälde von Jean Auguste Dominique Ingres (1862, heute im Louvre). Kleine Abbildung: hölzerne Badeschuhe mit Silberbeschlag

Hamam

Sultan Mahmut I. ließ 1741 das erste öffentliche Badehaus Istanbuls errichten. Einmal pro Woche suchten die Osmanen, nach Geschlechtern getrennt, den Hamam auf. Selbst reiche Frauen, die in ihren Stadtpalästen Bäder besaßen, wollten nur ungern auf den Besuch verzichten; er war ein soziales Ereignis und eine der raren Möglichkeiten, das Haus zu verlassen.

Der Hamam sei „das Kaffeehaus der Frauen, wo Neuigkeiten ausgetauscht und Skandale angezettelt werden", berichtet Lady Mary Wortley Montagu vom Besuch eines Türkischen Bades. „Die vorderen Sofas waren mit Kissen und prächtigen Teppichen ausgestattet, auf denen Frauen saßen. Ungeachtet des Ranges und der Herkunft waren alle Frauen, wie die Natur sie erschaffen hatte. So viele Frauen, alle nackt in verschiedenen Körperhaltungen, einige bei der Arbeit, andere Kaffee oder Sorbet trinkend und viele lässig auf ihren Kissen liegend, während Sklavinnen ihnen die Haare flochten." Das Türkische Bad

Die Sinnlichkeit des Orients: Der Westen vermutete sie im Hamam, dem Badehaus, und im Harem, dem verbotenen Raum

besteht in der Regel aus einem Heißluftraum mit Temperaturen um 50 Grad, einem Warmluftraum mit etwa 40 Grad sowie mehreren kühlen Räumen.
„Man möchte sagen, dass man noch nie gewaschen gewesen ist, bevor man nicht ein Türkisches Bad genommen", schrieb Helmuth von Moltke um 1830.

Türkisches Zimmer

Um 1800 kamen türkische Zimmer in Europa in Mode. Gotthard Langhans gestaltete für Friedrich Wilhelm II. im Potsdamer Marmorpalais einen Raum als türkisches Zelt: Vor einer blau-weiß gestreiften Wandbespannung stehen Stangen, deren Spitzen mit schwarzen und weißen Straußenfedern geschmückt sind und die durch tigergemusterte Vorhänge miteinander verbunden sind. Typisch für türkische Zimmer sind bis heute bodennahe Sitzmöbel, Fliesen und Blumenornamente.

Sarotti-Mohr

Der Grafiker Julius Gipkens benutzte die Klischees vom exotischen Orient, als er seine populäre Werbefigur für die Schokoladenfirma Sarotti entwarf: Gekleidet ist der Mohr wie ein osmanischer Haremswächter.

Drei Mohren mit Tablett, angemeldet 1918 als Warenzeichen für Sarotti und bis heute unverändert

Diwane, Fliesentableaus und Perlmutt-Intarsien: Der Bagdad-Pavillon im Topkapı Sarayı war Vorbild für die türkischen Zimmer Europas

Kaffee

Kein Import-Getränk hat die europäischen Trinksitten so verändert wie Kaffee, der „Türkentrank". Ursprünglich kam er aus Äthiopien nach Syrien und Jemen, wo im 16. Jahrhundert die Osmanen herrschten. Er war das ideale Genussmittel für die islamische Welt: stimulierend, ohne den vom Koran verbotenen Alkohol zu enthalten.
Nach Europa gelangte der Kaffee Mitte des 17. Jahrhunderts über Konstantinopel, um 1700 galt er bereits als Modegetränk der Oberschicht. Bis zur Einführung von Kaffee, Tee und Kakao waren Bier und Wein in Europa die bevorzugten Getränke, auch zum Frühstück. Weil Kaffee belebend für die Sinne ist, wurde er zum Antriebsmittel der bürgerlichen Gesellschaft.

Neben Tee ist Kaffee das Hauptgetränk der islamischen Welt – weil er anregt, ohne Alkohol zu enthalten

Die Entführung aus dem Serail

Als Wolfgang Amadeus Mozart 1782 sein Singspiel komponierte, waren „Türkenopern" und Kompositionen *alla turca* hoch modern. Hundert Jahre nach dem Sieg über die Türken vor Wien gehörte die Musik des ehemaligen Feindes zum Repertoire europäischer Kapellmeister, im Militär wie in der Kunst. Besonders beliebt war die Feldmusik der Janitscharen, der Elitetruppe des türkischen Heeres. Mozart übernahm deren typische Instrumente – Trommeln, Becken, Triangel, – um seinem 1782 uraufgeführten Werk exotisches Kolorit zu verleihen. Die Handlung spielt in einem türkischen Serail. Am Ende erweist sich der verachtete Osmane als Verfechter wahrer Menschlichkeit. Heute wird das Werk regelmäßig auf Türkisch im Istanbuler Topkapı-Palast aufgeführt.

Orient-Look

Seit dem 14. Jahrhundert tauchen türkische Stoffe und Muster in der europäischen Mode auf. Zuerst spezialisierte sich die Seidenindustrie in Venedig, Florenz und Lucca auf osmanische Muster, im 17. Jahrhundert produzierten anatolische Türken in Paris die beliebten Stoffe *de façon orientale*. Ihren Höhepunkt erreichte die Türkenmode im 18. Jahrhundert, als die höfische Gesellschaft ihre Vorliebe für die prächtigen Gewänder entdeckte. 1909 machte der französische Couturier Paul Poiret mit seiner orientalisch inspirierten Kollektion Turban, Federbusch und Haremshose wieder modern.

Harem

Kaum ein Ort faszinierte und verschreckte Europäer so sehr wie der Harem, besonders im prüden 19. Jahrhundert. In der Fantasie von Künstlern wie Eugène Delacroix, Jean Auguste Dominique Ingres oder Jean Léon Gérôme war er das Paradies der Sinne.
Die Wirklichkeit sah anders aus: Seit dem 8. Jahrhundert war in der islamischen Welt allen Männern, die nicht zum engsten Kreis der Familie gehörten, das Betreten der Frauengemächer verwehrt – sie waren *haram*, verboten. Der Harem im Istanbuler Sultanspalast hatte über 300 Räume, in denen bis zu 1200 Frauen lebten, von 600 bis 800 schwarzen Eunuchen bewacht. Nur der Sultan und die Prinzen hatten Zutritt. Im Harem herrschte eine strenge Hierarchie: An der Spitze stand die Sultansmutter, dann kamen seine Schwestern, Töchter, Ehefrauen. Die anderen Frauen waren Sklavinnen, meist Christinnen oder Jüdinnen. Als Favoritinnen des Sultans konnten Sklavinnen großen Einfluss erlangen, besonders, wenn sie ihm einen Knaben geboren hatten. 1909 wurde der osmanische Herrscherharem aufgelöst.

„Ecke des Haremsgartens",
Gemälde von Alberto Pasini,
der von 1867 bis 1869
in Konstantinopel lebte

„Liegende Odaliske", Gemälde von Francesco Hayez (1839)

Odaliske

Sie war eine Sklavin, die vom Sultan ein eigenes Zimmer erhielt, eine *oda*, sowie ein ihrer Stellung angemessenes Gefolge. Die Odaliske war ein beliebtes Sujet europäischer Maler im 19. Jahrhundert, etwa bei Jean Auguste Dominique Ingres und Francesco Hayez.

Tabak

Obwohl Tabak keine Erfindung des Orients ist, sondern aus der Neuen Welt stammt, verband man das Rauchen in Europa mit türkischer Lebensart. Zuerst begeisterten sich westliche Aristokraten für die Wasserpfeife, nach dem Krimkrieg (1853-1856) brachten englische und französische Soldaten Orient-Zigaretten in den Westen.

Zigaretten setzten sich als moderne Form des Tabakgenusses bald auch in Deutschland durch. 1871 gründete Louise Wolff in Dresden die Zigarettenfabrik „Sulima". Schnell entwickelte sich die sächsische Metropole zum Zentrum der Zigarettenindustrie; die Marken hießen Moslem, Salam Aleikum, Serail und Sultan-Auslese. Zeitweise lagen die Umsätze mit türkischem Tabak in der Elbstadt höher als in der Türkei selbst. Schlagzeilen machte 1909 der Dresdner Unternehmer Hugo Zietz mit seiner „Orientalischen Tabak- und Cigarettenfabrik Yenidze", deren Hauptgebäude (heute ein Bürohaus) einer Moschee nachempfunden ist. Der Schornstein verbirgt sich im Minarett.

Türkisch genießen: Werbeplakat für „Moslem"-Zigaretten aus dem Jahr 1915

„Der falsche Türke", ein Schachautomat mit mechanischer Puppe, betrieben von einem Spieler im Kasteninnern (Kupferstich, 1780)

Türken

Wer etwas „türkt", der schummelt, stellt Nachgemachtes als echt hin. Zum Kern dieser Redewendung führt der früher häufig gebrauchte Ausspruch „einen Türken bauen": 1769 konstruierte Wolfgang von Kempelen einen Schachautomaten mit einer lebensgroßen, türkisch gekleideten Puppe, die so gut Schach spielte, dass sie sogar Preußenkönig Friedrich II. und Napoleon besiegte. Erst nach dem Tod des Erfinders im Jahr 1804 wurde das Geheimnis des „Türken" gelüftet – im Innern des Automaten verbarg sich ein kleinwüchsiger Meisterspieler, der die Figuren durch Magneten bewegte.

Ottomane

Niedriges, breites Sofa mit einer gerundeten, geschweiften Lehne, das besonders im 18. Jahrhundert in Europa weit verbreitet war. Das Wort stammt aus dem Französischen und bedeutet osmanisch, türkisch.

Die Europäer importierten den Tabak und die Ottomane, sie ergötzten sich an Gemälden von erotischen Odalisken

Als Dankeschön für neue Abonnenten hält MERIAN auch diesmal etwas ganz Besonderes bereit. Den interaktiven Sprachkurs „Talk to Me“ von Auralog und Cornelsen Software mit über 100 Unterrichtsstunden und mehr als 40 Stunden Konversationsübungen. Dabei können Sie zwischen den Sprachen Englisch, Französisch, Italienisch und Spanisch wählen, extra aufgeteilt in Grund- und Aufbaukurse.

„Talk to Me“ ist eine innovative Sprachlern-Software auf höchstem technischem Niveau. Neben zwei CD-ROMs (nur für PC) ist ein Headset im Paket enthalten. „Talk to Me“ erkennt Ihre Sprache und kann mit dem Error Tracking System Fehler korrigieren und Sie zu einer perfekten Aussprache führen. Folgen Sie bequem dem integrierten Lernpfad zum sicheren Lernerfolg.

Bestellen Sie Ihr Abo per Fax unter 040/27 17 20 79, telefonisch unter 040/87 97 35 40 oder per Mail unter leserservice@merian.de. Oder senden Sie diesen Coupon an: MERIAN Leserservice, Postfach 60 12 20, 22212 Hamburg.

Diese und weitere Aboangebote finden Sie auch im Internet unter **www.merian.de**

Ja, ich möchte MERIAN für mindestens ein Jahr abonnieren. Der Jahres-Abo-Preis für 12 Ausgaben beträgt 76,40 € inkl. Versandkosten (innerhalb Deutschlands; Auslandspreise auf Anfrage). So bezahle ich für jede Ausgabe nur 6,37 € statt 7,50 € bei Einzelkauf. Das ist ein Preisvorteil von 15%. Als Dankeschön senden Sie mir bitte folgenden Sprachkurs:

☐ Englisch ☐ Französisch ☐ **Grundkurs**
☐ Italienisch ☐ Spanisch ☐ **Aufbaukurs**

Name, Vorname des Abonnenten

Straße, Hausnummer

PLZ, Wohnort

Telefon (tagsüber erreichbar)

Den Rechnungsbetrag zahle ich (bitte ankreuzen):
☐ per Rechnung ☐ bequem und bargeldlos durch Bankeinzug

Bankleitzahl Kontonummer

Kreditinstitut

☐ bequem per Kreditkarte ☐ Amex ☐ Visa ☐ Eurocard

Kreditkartennummer (bitte genau angeben) Gültig bis

1. Unterschrift des Abonnenten

Vertrauensgarantie: Diese Bestellung wird erst wirksam, wenn Sie nicht innerhalb von 14 Tagen schriftlich beim MERIAN Leserservice, Postfach 60 12 20, 22212 Hamburg, widerrufen wird. Zur Wahrung der Frist genügt die rechtzeitige Absendung des Widerrufes. Das Dankeschön darf ich auch im Falle eines Widerrufes behalten. Dieses Angebot gilt innerhalb der EU und solange der Vorrat reicht. Dies bestätige ich mit meiner zweiten Unterschrift.

2. Unterschrift des Abonnenten

ME 06/02-922 bis 929

MERIAN

Die Lust am Reisen

Endstation Hoffnung

Sie verkaufen Köfte, Fahrkarten oder Volksmusik. Mehr als eine Million Kurden leben heute in Istanbul, unauffällig und angepasst. Der Kampf ist vorbei

Text: Wolfgang Michal

Seit 15 Jahren schiebt Tahsin Çelik jeden Morgen seinen Karren zum Taksim-Park, um dort Köfte zu verkaufen: Fleischbällchen, die er kurz anbrät und mit Zwiebelringen und Tomatenstücken in ein Fladenbrot stopft. Die Polizisten mögen Çeliks Sandwiches. Aber hin und wieder kommen sie mit ernsten Gesichtern und einem Herrn vom Gewerbeaufsichtsamt und beschlagnahmen den Karren. Weil fliegende Händler, behaupten sie, in der Europäischen Union nicht erlaubt seien, und die Türkei doch jetzt sämtliche Auflagen der EU peinlich genau erfüllen müsse.

Solche Schikanen ersinnen Nationalisten, um die europafreundlichen Kreise der türkischen Politik zu verhöhnen. Doch was bitte hat Tahsin Çelik mit großer Politik zu tun? Zwei geschlagene Monate kostet es ihn, die 125 Euro für einen neuen Karren zu verdienen. Den beschlagnahmten rückt die Polizei nicht wieder heraus. Tahsin Çelik schildert das Unglück so gleichmütig, als gehörten Tiefschläge zu seinem Job. Und weil er sehr leise spricht, muss sich der Mann im grauen Mantel, der die Ohren wie Antennen auf uns richtet, näher heranpirschen. So „unauffällig", als habe ihn das Ministerium für seltsame Gangarten geschickt.

Tahsin Çelik ist Kurde. Das heißt: prinzipiell verdächtig. Vor 15 Jahren pflügte er noch die Erde im türkisch-iranischen Grenzgebiet. Dann kam der Krieg ins Dorf. Die kurdische Arbeiterpartei PKK hatte begonnen, den Kampf um ein unabhängiges Kurdistan mit der Kalaschnikow auszutragen. Die türkische Armee antwortete mit einem Zermürbungskrieg. Çelik fürchtete, dass irgendein Soldat, der des Nachts im Mondlicht durch die Berge stapfte, die Nerven verlieren würde. Oder dass ein PKK-Mann ihn als Kollaborateur verdächtigen und liquidieren könnte. In diesem Krieg wurden kaum Gefangene gemacht.

Mit Frau und Kindern flieht Celik in die Kleinstadt Ağrı. Doch er findet keine Arbeit. Und Miete, Strom und Wasser kann er nicht bezahlen. Er muss sein Glück im fernen Westen suchen, wo viele seiner Landsleute bereits Unterschlupf gefunden hatten. Mit dem ältesten Sohn kommt er bei Verwandten in Istanbul unter, im Tarlabaşı-Quartier, ganz in der Nähe des Taksim-Platzes.

Das alte Viertel, auf der bosporusabgewandten Seite Beyoğlus, ist ein Kurdenkiez aus Altwarenhändlern, Autoschlossern, Flickschustern, Holzhändlern und zahllosen Keller- und Hinterhofklitschen. Überall verrußte, verwitterte Mauern, leer stehende Altbauten mit eingeschlagenen Fensterscheiben und bröckelnden Erkern. Ein Gewirr aus Wäscheleinen und Kabeln überspannt die steil abfallenden Gassen. In den Treppenhäusern stinkt es nach Katzenpisse. Ein *Pis mahalle*, ein Drecksviertel.

Das Zimmer, das er sich mit zwei Brüdern und einem Dorfnachbarn

Geteilte Welt: Kurdische Straßenverkäufer sind der Polizei suspekt, türkische nicht

teilt, gleicht einer Ausnüchterungszelle. Einziges Möbel eine durchgelegene Couch, an den Wänden Schaumstoffmatratzen, die nachts als Lager dienen. Auf dem Boden ein Gaskocher für den Tee, ein Elektroheizlüfter, ein Kassettenrecorder. Unterhalb der Decke eine Luke als Fenster. In den Ecken leere Sporttaschen. Zehn Jugendliche hocken hier tagsüber, hören Musik oder bearbeiten ihre Handys. Sie ähneln darin den Vätern, die in den Teestuben sitzen und die Perlen ihrer Gebetsschnüre durch die Finger gleiten lassen.

Normalerweise jobben sie als Fahrkarten-, Los- oder Wasserverkäufer. Manche als Schuhputzer, wenn sie den Konkurrenzkampf mit den Zigeunerkindern bestehen und der Polizei nicht ins Netz gehen. Wer unter 16 ist und beim Arbeiten erwischt wird, landet im Fürsorgeheim. Dort können ihn die Eltern für umgerechnet 25 Euro wieder auslösen. Kinderarbeit und Schulschwänzen sind verboten – aber ohne Kinderarbeit und Schulschwänzen können viele Kurdenfamilien nicht überleben. Istanbul, sagt Şefika Gürbüz, Generalsekretärin des kurdischen Heimatvertriebenenvereins Göç-Der, ist inzwischen die größte kurdische Stadt der Türkei. In 50 Jahren von 1,4 auf 14 Millionen Einwohner angeschwollen, jeder achte davon ist Kurde.

Drei Zuwanderungswellen haben die Stadt überspült. Die erste wurde von Atatürk ausgelöst, als er alle Ansätze einer regionalen Autonomie erbarmungslos unterdrückte. Die Kurdenaufstände der zwanziger und dreißiger Jahre, inspiriert von konservativen Scheichs, ließ der Staatsgründer niederkartätschen. Mit Umsiedlungs- und Zwangswohngesetzen zerstreute er die Geschlagenen in alle Winde. Nirgends sollten die Kurden je wieder eine kritische Masse bilden.

Die zweite Welle erreichte Istanbul in den fünfziger und sechziger Jahren. Erntemaschinen und Saatguteinsatz hatten Millionen von Kleinbauern aus ihren Parzellen vertrieben, und so gingen sie als Fabrikarbeiter, Baugehilfen und Händler in die städtischen Zentren.

Die dritte Welle verursachte der 15-jährige Krieg gegen die PKK. Potenzielle Unruheherde wie Schulen und Universitäten wurden geschlossen, die traditionellen Schafweiden verboten. Waffen- und Drogenhandel, Schmuggel und Schutzgeldzahlungen zerrütteten die Reste eines normalen Landlebens. 60 000 bewaffnete, oft unzuverlässige Dorfschützer, 150 000 ratlose Soldaten und 20 000 verbissene PKK-Kämpfer verwandelten Südostanatolien in eine Zone permanenter Unsicherheit. 1999, als die Rebellen die Waffen streckten, lagen 4000 Dörfer in Schutt und Asche, 30 000 Kurden waren umgekommen, zahllose Familien, Clans und Stämme vertrieben. Um alle Fische zu töten, sagten die Militärexperten, muss man das Meer ausschöpfen.

Diese letzte Welle, sagt Şefika Gürbüz, war die tragischste. Denn Istanbul, seit langem überlastet, hatte in der Wirtschaftskrise der

Istanbul ist heute

neunziger Jahre seine Integrationsfähigkeit vollends verloren. In den Gecekondusu, den illegal errichteten Massenquartieren Istanbuls, kam es zu Gewaltausbrüchen. In Gaziosmanpaşa, einem Viertel so groß wie Dortmund, bekämpften sich Sunniten und Alawiten. Es gab 25 Tote. Im benachbarten Esenler mussten Tausende von Soldaten mit Panzern, Straßensperren und nächtlichen Ausgehverboten einen Streit schlichten, der sich an einer Schuld von umgerechnet drei Euro entzündet hatte. Mit Knüppeln, Schrotflinten und Molotowcocktails waren Zigeuner und Kurden aufeinander losgegangen. Und der Druck im Kessel steigt: Um die wenigen Jobs konkurrieren nun nicht mehr nur anatolische Clans, sondern auch Saisonarbeiter aus Rumänien und Bulgarien.

„Deinen Gott kannst du dir sonst wohin schieben!" Die Flüche Gani Rüzgar Şavatas machen klar, dass dieser Mann sich nicht so leicht unterkriegen lässt. Er sieht aus wie der junge Belmondo, und die Filme, die er dreht, sind so melodramatisch, dass Kritiker sie als Schnulzen bezeichnen. Aber das Volk in den Gecekondusu liebt Şavatas Filme. Und Şavata liebt das Volk. Was nichts daran ändert, dass alle nach seiner Pfeife tanzen müssen. Denn Şavatas Filme, in denen er Drehbuchautor, Hauptdarsteller, Regisseur und Produzent in einem ist, sind Kommandounternehmen. Beim Drehen wird scharf geschossen. Ihr glaubt es nicht!? Er reißt sein Hemd auf und präsentiert unter dem dichten Brusthaar eine dicke Narbe. Dann zeigt er auf ein Szenenfoto an der Wand. Der Fleischfetzen, den ihr da seht, sagt er, ist ein Teil von mir. In meinen Filmen fließt echtes Blut. Viva Savata!

Wenn der Filmemacher mit seinem Team ins wilde Kurdistan einfällt, jubeln die Massen und bilden Spaliere. Er stammt aus einem der wichtigsten Kurdenclans, und schon deshalb braucht er vor nichts und niemandem Angst zu haben. Mit einer Ausnahme vielleicht. Das Ungeheuer Istanbul schafft auch einen Kraftkerl wie ihn.

Sein neuer Film handelt von einem Vater aus den Bergen, der mit Frau und sieben Kindern nach Istanbul kommt. Das erste Kind wird schwul, das zweite schnüffelt Klebstoff, vom dritten wird nur noch die Leiche gefunden, das vierte geht als Intellektueller nach Amerika, das fünfte wird Kassettenverkäufer. Der Vater, gespielt von Şavata, verliert ein Kind nach dem anderen. Die Frau geht an einer aidsverseuchten Blutkonserve zugrunde. Im Schlussbild Şavata, wie er als Taxifahrer durchs dreckige Istanbul fährt. Nichts an dieser Geschichte, schwört er, sei erfunden.

Kein Wunder, dass viele Kurden lieber heute als morgen zurück wollen in ihr Dorf. Auch der Staat fördert ihre Rückkehr. Doch Şefika Gürbüz' Vertriebenenverband stößt auf Schwierigkeiten. Den Rückkehrwilligen wird vom Staat ein Schreiben vorgelegt, das sie auffordert, schriftlich zu erklären, ihre Heimat aufgrund des PKK-Terrors verlassen zu haben. Damit will die Regierung Entschädigungsansprüche verhindern und teure Rückkehrhilfen vermeiden. Nur wer persönlich beim Landrat vorspricht und auf Wiedergutmachung verzichtet, erhält die Erlaubnis zur Rückkehr. Şefika Gürbüz' Verband würde in diesem Konflikt gern vermitteln, aber er wird von den zuständigen Stellen ignoriert. Unter der Hand halten die Hardliner der Regierung Göç-Der für eine Tarnorganisation der PKK. Und es gibt nichts, was die Hardliner davon überzeugen könnte, dass sich die Zeiten gewandelt haben.

Zwar verzichten kurdische Organisationen inzwischen auf die Forderung nach einem eigenen Staat und ächten den bewaffneten Kampf; zwar wird Abdullah Öcalan, seit 1999 inhaftierter Führer der PKK, nicht müde, seine Anhänger aus dem Gefängnis heraus zu Nachgiebigkeit und Gehorsam aufzufordern. Aber im Grunde weiß niemand, ob er nur Kreide gefressen hat oder für den Rest seines Lebens geläutert ist.

So ist ein Schwebezustand eingetreten: Hier die Regierung, wie eine Katze in Lauerstellung vor der Maus verharrend, dort die kurdische Bewegung, mucksmäuschenstill, um den großen Schlag nicht zu provozieren. Was wird passieren? Werden die Europäer die Katze noch rechtzeitig zähmen? Ist die Haltung der Maus clever – oder blanker Selbstmord?

Die Verunsicherung kurdischer Intellektueller über diese Fragen ist in vielen Gesprächen zu spüren. Man sagt „Südosten" statt Kurdistan, „mesopotamisch" statt kurdisch. Am Telefon lässt man sich verleugnen oder verweist auf Gesprächspartner, die viel besser Bescheid wüssten als man selber. Die „Stiftung für Gesellschafts- und Rechtsstudien" etwa, die sich mit der Geschäftigkeit einer Großkanzlei um medizinische und rechtliche Betreuung von Folteropfern kümmert, tritt extrem zurückhaltend auf. Man möchte den Hardlinern nicht den geringsten Vorwand liefern, der kurdischen Bewegung den Garaus zu machen. Die Maus, scheint es, lässt sich fressen in der tollkühnen Hoffnung, ihr milder Geschmack werde den Instinkt der Katze betäuben. Oder die Maus stellt sich tot, um Zeit zu gewinnen.

Für Selahatin Bulut ist der Unterschied unerheblich. Wie er hinter seinem winzigen Schreibtisch sitzt, mit dem mehrfach um den Hals gewickelten schwarz-grünen Schal, wirkt er zerbrechlich und müde. Seine Bewegungen sind langsam, fast wie in Zeitlupe. Ein sanfter kurdischer Intellektueller, der mit seinen Kräften haushalten muss. Der gegen allzu große Nähe die Stacheln ausfährt. Eine junge Frau, die ihn zur Begrüßung auf die Wangen küssen will, warnt er eindringlich vor seinen Bartstoppeln.

ie größte kurdische Stadt der Türkei

Selahatin Bulut ist 49 und bewegt sich wie ein 69-Jähriger. Rheumatismus, auch ein wenig Depression. Er lächelt entschuldigend. 20 Jahre Kampf, sagt er, und was ist das Ergebnis? Nach 4000 verbrannten Dörfern stehen wir wieder am Anfang. Heute geht es nur noch um die Erlaubnis, die eigene Sprache sprechen zu dürfen. Ist das der Rede wert?

Bulut stammt aus Mardin an der syrisch-türkischen Grenze. Sein Vater war „Grenzhändler". Mit Pferden ging er über die Grenze nach Syrien, kam nach Wochen schwer bepackt mit Säcken voller Kleider, Puder und Schmuck zurück. Manche Säcke wiesen Schusslöcher auf. Oft, wenn der Vater erzählte, hörte Bulut von den Heldentaten des irakischen Kurdenführers Mulla Mustafa Barzani, der es geschafft hatte, 1946 einen Kurdenstaat zu etablieren, wenn auch nur für wenige Monate: die berühmte Republik von Mahabad.

So kam Bulut mit der kurdischen Sache in Berührung. Mit ihrer Utopie. Er studierte, schloss sich der undogmatischen Linken an und wurde Lehrer. Dann putschte das Militär, und er verschwand im berüchtigten Zuchthaus von Diyarbakır. Nackt musste er auf Eissplittern stehen, wurde mit Knüppeln traktiert, marschierte jeden Tag drei, vier Stunden im Gleichschritt. Dazu musste er rassistische Lieder singen. Wenn die Aufseher wollten, sagt Bulut, konnten sie uns in der Scheiße schwimmen lassen. In den eisigen Bergwintern mussten die Zellenfenster geöffnet bleiben, in den Sommern waren sie fest verschlossen. Nach acht Jahren Haft wurde Bulut entlassen. Er zog nach Istanbul und gründete 1997, direkt am Galatasaray-Platz, die kurdische Buchhandlung Medya. Oft waren die Samstagsmütter bei ihm und tranken Tee, bevor sie auf dem Platz in den Sitzstreik traten, um den Staat wegen ihrer „verschwundenen" Söhne anzuklagen. Danach kamen die Polizisten in seinen Laden, warfen Bücher aus den Regalen, schlugen ihn und herrschten ihn an, wie er solche ehrlosen Bücher verkaufen könne. Schließlich zwangen sie ihn, umzuziehen, ans Ende einer unattraktiven Ladenpassage, weil den europäischen Touristen diese Schande nicht zuzumuten sei. Drei Jahre dauerten die Schikanen, bis zur Verhaftung Abdullah Öcalans. Seitdem hat er Ruhe.

Der Politik hat er abgeschworen. Er will sich von keiner Gruppierung mehr vereinnahmen lassen. Es gab einfach zu viele Enttäuschungen. Und er musste erfahren, dass in der kurdischen Frage das Scheitern wahrscheinlicher ist als der Erfolg.

Denn die Führer der Kurden haben es nie geschafft, ihre Leute hinter sich zu bringen. Sie waren zu uneins. Die feudalen Stammesführer verstanden sich nicht mit den städtischen Intellektuellen, die kalifattreuen Scheichs nicht mit den linken Alawiten, die Großgrundbesitzer nicht mit den leninistischen Sozialrevolutionären. Hinzu kamen die Rivalitäten mit den Kurden Syriens, Irans und Iraks. Immer wieder ließen sich die verschiedenen Warlords kaufen, wechselten die Seiten, hörten auf leere Versprechungen. Sie waren Diener und Nutznießer vieler Herren, verrieten Freunde und Mitkämpfer.

Sie ließen sich missbrauchen als nützliche Idioten, als fünfte Kolonne. Ihre Ağas, die Stammesführer, wurden gegeneinander ausgespielt und zu Handlangern degradiert: von türkischen, irakischen oder iranischen Militärs. Die Sowjets benutzten die Kurden als Störfaktor gegen den NATO-Staat Türkei, der Westen bediente sich ihrer als Druckmittel, um Ölkonzessionen im Nahen Osten zu erlangen. Bei der ersten Gelegenheit wurde den Kurden dann die Unterstützung wieder entzogen. Die Folgen sind unübersehbar. Heute weiß niemand, für welche Ziele und Inhalte die Kurden eigentlich stehen. Buluts Rückzug, sein Innehalten, ist die logische Konsequenz.

Doch der türkische Staat will von Innehalten nichts wissen. Die machthabenden Generäle pflegen weiter ihre Ängste vor dem inneren Feind. Vor allem jene Angst vor der Teilung des Landes, die seit 1920, seit dem „Schandvertrag" von Sèvres, tief sitzt. Damals hatten Griechen, Armenier und Kurden unter dem Schutz der Westmächte einen Großteil der Türkei unter sich aufgeteilt. Die Lehre der Kemalisten aus dieser Erfahrung nach dem verlorenen Ersten Weltkrieg war: Sobald die Zentralmacht geschwächt ist, nutzen die Kurden das Machtvakuum, dann wollen sie die staatliche Unabhängigkeit. So war es nach den Weltkriegen, so war es nach dem Machtwechsel im Iran, so war es nach den beiden Golfkriegen. Deshalb müsse die Türkei auf der Hut sein, und jedes noch so zarte kurdische Verlangen im Keim ersticken.

Was zu absonderlichen Regelungen führt: So dürfen Kurden ihre Kinder nicht Serhat nennen, weil Serhat ein Codename für PKK-Kämpfer sei. Türken dagegen ist der Name erlaubt. In der kurdischen Komödie „Vizontele", der erfolgreichsten Filmproduktion des Landes, wird selbstverständlich Kurdisch gesprochen. Doch wer Kurdisch als Schulfach will und das schriftlich beantragt, wird verfolgt: Die Antragsteller werden der Schule verwiesen, sitzen im Gefängnis oder werden verhört. Kurdische Parteien und Institute werden erlaubt und verboten, wie es gerade passt. Wo immer sie spürbar werden, versucht der Staat, die Energie der Kurden zu binden: durch permanentes Zupacken und Loslassen. Erst wenn die Maus zu Tode erschöpft ist, schnurrt die Katze zufrieden.

Doch manche Mäuse spielen jetzt nicht mehr mit.

Hasan Saltık zum Beispiel ist einfach zu jung, um das Spiel interessant zu finden. Zu jung auch, um das Trauma des totalen Ausgeliefertseins verdauen zu müssen. Hasan Saltık versucht es mit entwaffnendem Optimismus.

Anders als die Kämpfer der siebziger und achtziger Jahre packt er die Kemalisten nicht bei ihrer Angst, sondern bei der Ehre. Von seinem Büro am Atatürk Bulvari, mit Panoramablick aufs Goldene Horn, steuert er das erfolgreichste türkische Musik-Label: Kalan-Music. An der Wand hinter ihm hängt ein Wort des türkisch-persischen Dichters Ömer Hayyam aus dem 12. Jahrhundert: „Wenn du so viel zu essen hast, dass du satt wirst, und wenn du ein Dach über dem Kopf hast, wenn du den Menschen nicht dienen musst, und wenn du niemanden ausbeutest, dann bist du in sonnigen Tagen."

Hasan Saltık ist so ein Sonntagskind. In seinem olivfarbenen Hemd mit Brusttaschen und Schulterklappen, dem militärischen Kurzhaarschnitt und der gesunden Gesichtsfarbe gleicht er einem jungen Offizier auf Heimaturlaub. Es hat keinen Sinn, sagt er, ständig in Angst zu leben. Immer sei diesem Volk viel zu viel Angst eingejagt worden.

Saltık ignoriert die Unbelehrbaren der türkischen Politik. Als Musikarchäologe hat er sich vorgenommen, die „verbotenen" osmanischen Wurzeln des alten Reichs neu zu entdecken: die Kulturen der Lasen, der Armenier, der Griechen, der Aramäer, der Kurden. Und er bringt sie zusammen: schafft jüdisch-arabische Sessions, armenisch-türkische Popmusik. Gibt anatolisch-griechischen Rembetiko-Sängern ein Forum.

Er tut, was eine türkische Kulturstiftung eigentlich tun müsste: durchstöbert Archive in Syrien, im Kaukasus, in Palästina. Er arbeitet mit Ethnologen und Musikwissenschaftlern der großen Universitäten. Er knüpft Kontakte zu georgischen und iranischen Musikern, lässt sie auf alten Instrumenten ausbilden und sorgt für ihre Unterbringung in Istanbul. Kurz: Er entreißt die alte Volksmusik dem allmählichen Vergessen.

Für die Intellektuellen sind Kalan-CDs inzwischen ein Muss. Alteingesessene Bürger Istanbuls, von weit links bis weit rechts, sehen in seiner Arbeit die Wiederbelebung eines urbanen Gefühls: als die Stadt noch Feinsinn und Lebensart zeigte, und kein Hort ungeschliffener Geschäftemacher und ungeschlachter Anatolier war. Hasan Saltık weckt im geschundenen Istanbul die Sehnsucht nach besseren Zeiten. Nach Bürgersinn. Seine opulent ausgestatteten Editionen gelten als Plädoyer gegen die um sich greifende Achtlosigkeit, den Unverstand, die Wurstigkeit, die jede Verwilderung der Sitten mit einem *olsun* – egal – zu entschuldigen sucht. Das historische Erbe ist ihm kostbar jenseits jeder ideologischen Verwertbarkeit. Das macht Saltık so unangreifbar.

Auch er musste die üblichen Durchsuchungen über sich ergehen lassen. Doch er schildert sie nicht als Demütigungen, sondern als witzige Anekdoten. Als der türkische Handelsminister Kalan-Music wegen einer CD über den Protest kurdischer Häftlinge verbieten lassen wollte, verschenkte der Außenminister Saltıks Editionen erst recht. Und als die Polizisten, die Saltıks Büro auf den Kopf stellten, auf einen bekannten Staatsanwalt stießen, der gerade bei Saltık zu Gast war, blickten sie betreten zur Seite. „Das sind deine Leute!", gab Saltık dem Staatsanwalt grinsend zu verstehen.

Das könnte darauf hindeuten, dass die Katze nachlässiger geworden ist, dass ihre alten Reflexe versagen. Denn auch der kemalistische Staat kann nicht mehr so weitermachen wie bisher. Er muss zur Kenntnis nehmen, dass die Kosten des Kampfes gegen die „Separatisten" das Land ruinieren. Das Klima ist vergiftet, weil nahezu jede Familie in diesen Konflikt hineingezogen ist: durch kämpfende Söhne, Gefallene, Inhaftierte. Jeder Istanbuler kennt jemanden, der staatlichen „Erziehungsmaßnahmen" ausgesetzt war. Und die Auslandsschulden des Landes – 100 Milliarden Dollar – entsprechen exakt den Gesamtkosten des Kriegs gegen die PKK. Das heißt, die drückenden Zinslasten, die horrenden Inflationsraten, die Abhängigkeit von immer neuen IWF-Krediten gehen zu einem Großteil auf das Konto der Militärs, die für das große Katz- und Maus-Spiel ein Drittel des Staatshaushalts verbrauchen.

In Kreisen jüngerer Istanbuler Kurden hat deshalb eine Aufarbeitungsphase begonnen, an deren Ende etwas Neues stehen muss: die selbstbewusste Orientierung auf einen europäischen Rechtsstaat. Der Filmemacher Kazim Öz, 1990 aus Tunceli nach Istanbul gekommen, ist überzeugt, dass die jetzige Übergangsphase mit ihren widersprüchlichen Signalen nur ein irrlichterndes Zwischenspiel ist. In der Unsicherheit, die der Staatsapparat an den Tag lege, spiegle sich der Zerfall des überlebten Systems.

An diesem Punkt müsse künstlerische Arbeit beginnen. Nicht im Sinne politischer Propaganda, die noch Yılmaz Güneys berühmte Filme prägte, sondern in der Art, Fragen zu stellen. Man müsse die Nabelschau aufgeben und den Blick weiten, nur so verliere sich die Verbissenheit, die aus Istanbul jahrzehntelang ein kulturelles Provinznest machte.

In dem Eifer, mit dem Kazim Öz seine Sache verficht, mag etwas ganz und gar Musterschülerhaftes liegen. Aber seine Haltung zeigt den grundlegenden Bruch mit der Katz- und Maus-Ordnung des Ancien Régime.

Die Maus entledigt sich ihrer Fixierung auf die Katze und gibt neue Spielregeln aus.

Wolfgang Michal, *Jahrgang 1954, lebt als freier Journalist und Buchautor („Deutschland und der nächste Krieg") in der Nähe von Hamburg.*

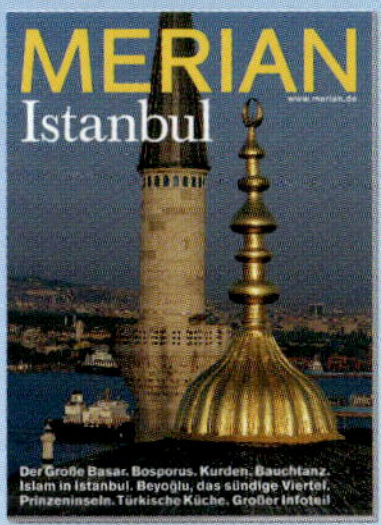

ISBN 3-7742-6706-5

ISBN 3-7742-6705-7

ISBN 3-7742-6713-8

ISBN 3-7742-6704-9

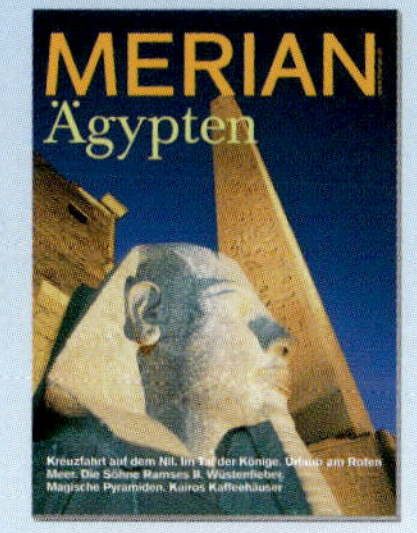

ISBN 3-7742-6703-0

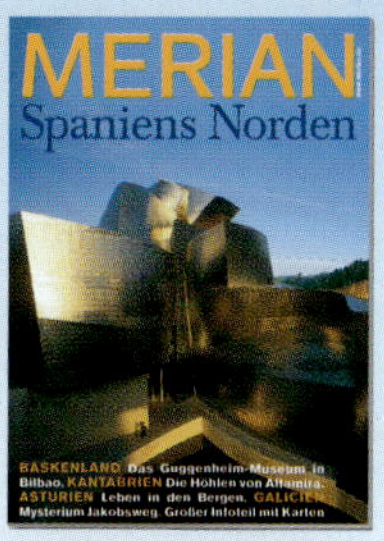

ISBN 3-7742-6702-2

ISBN 3-7742-6701-4

ISBN 3-7742-6615-8

ISBN 3-7742-6613-1

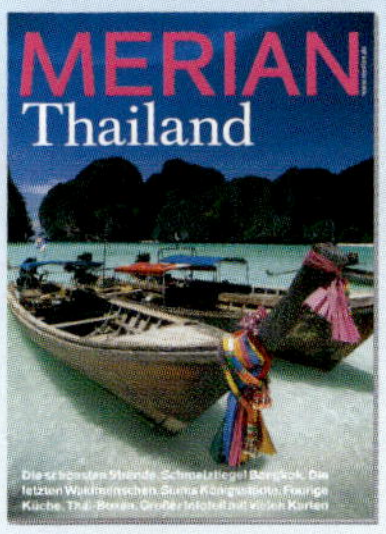

ISBN 3-7742-6612-3

ISBN 3-7742-6611-5

ISBN 3-7742-6610-5

ISBN 3-7742-6609-3

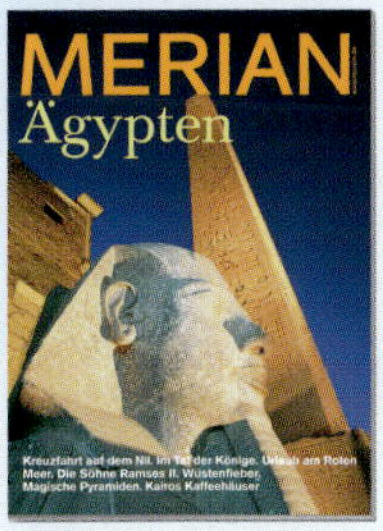

ISBN 3-7742-6608-7

MERIAN zum Nachbestellen

Bestellen Sie einfach und bequem Ihre Wunschtitel aus dem abgebildeten Heftangebot der folgenden Seiten. Sie erhalten jede Ausgabe von MERIAN für € 7,50 inklusive Porto und Verpackung. Als Abonnent bezahlen Sie den Vorzugspreis von nur € 6,37.

ISBN 3-7742-6607-7

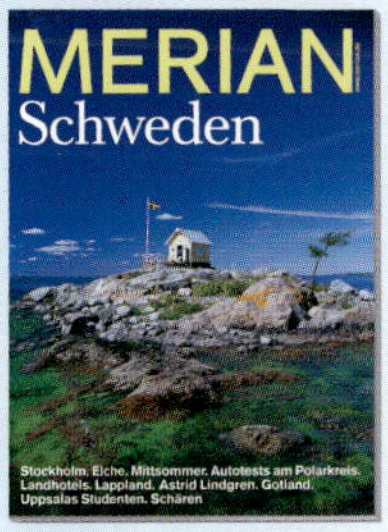

ISBN 3-7742-6606-9

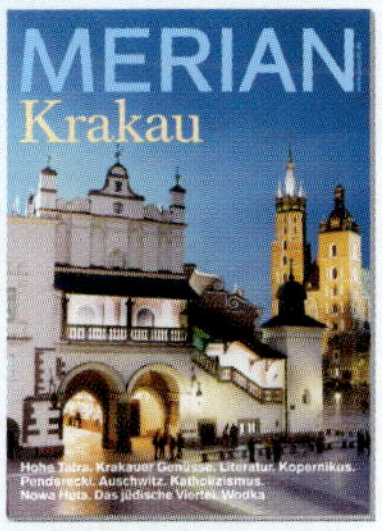

ISBN 3-7742-6605-0

ISBN 3-7742-6604-2

ISBN 3-7742-6603-4

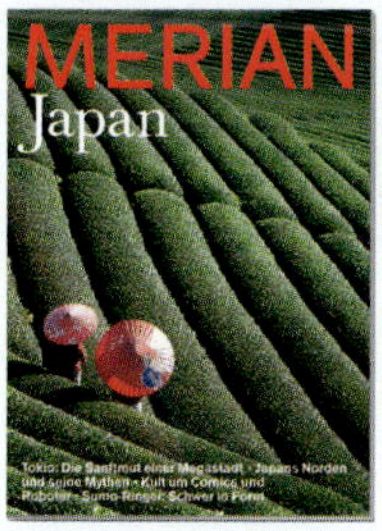

ISBN 3-7742-6602-6

ISBN 3-7742-6601-8

ISBN 3-7742-6512-7

ISBN 3-7742-6511-9

ISBN 3-7742-6510-0

ISBN 3-7742-6509-7

ISBN 3-7742-6508-9

ISBN 3-7742-6507-0

www.merian.de

MERIAN

Die Lust am Reisen

ISBN 3-7742-6506-2

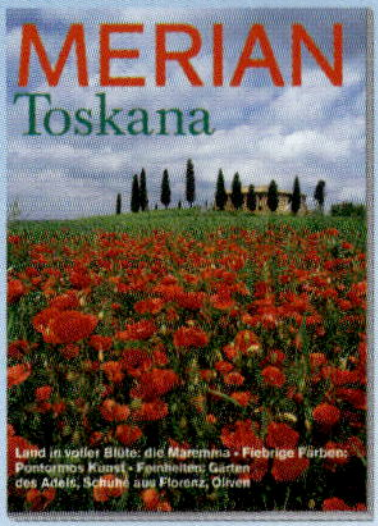

ISBN 3-7742-6505-4

ISBN 3-7742-6504-6

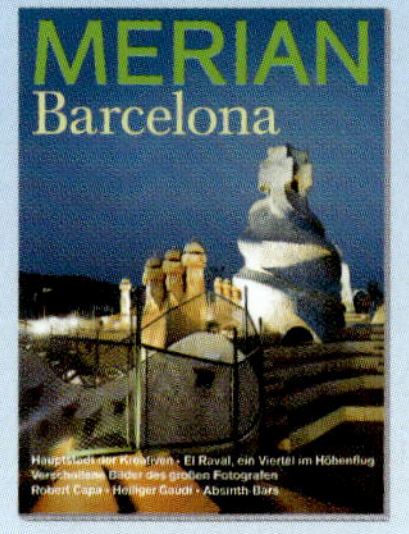

ISBN 3-7742-6503-8

ISBN 3-7742-6502-X

ISBN 3-7742-6501-1

MERIAN im Internet

Sie können auch per Internet bestellen. Im MERIAN-Shop auf **www.merian.de** finden Sie nicht nur das komplette lieferbare MERIAN-Programm, sondern auch alle weiteren Produkte der MERIAN Family: MERIAN *live!*, MERIAN classic, MERIAN kompass, MERIAN Hörbuch und MERIAN scout.

ISBN 3-7742-9912-9

ISBN 3-7742-9911-0

ISBN 3-7742-9910-2

ISBN 3-7742-9909-9

ISBN 3-7742-9908-0

ISBN 3-7742-9907-2

ISBN 3-7742-9906-4

ISBN 3-7742-9905-6

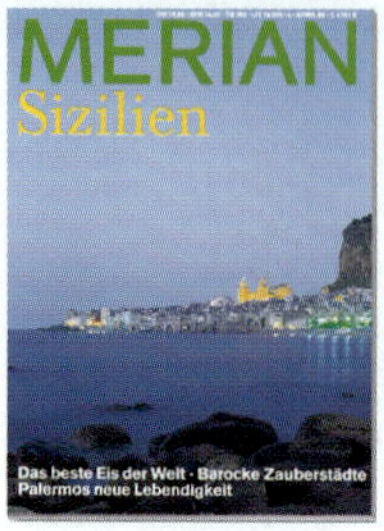

ISBN 3-7742-9904-8

ISBN 3-7742-9903-X

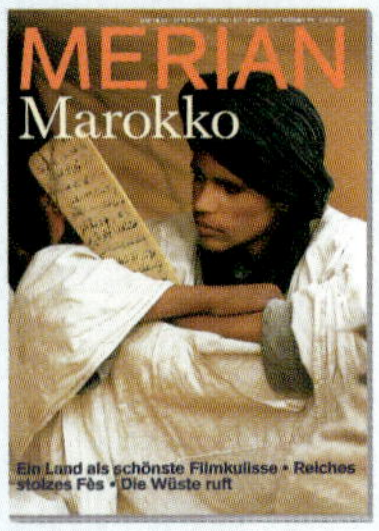

ISBN 3-7742-9902-1

ISBN 3-7742-9901-3

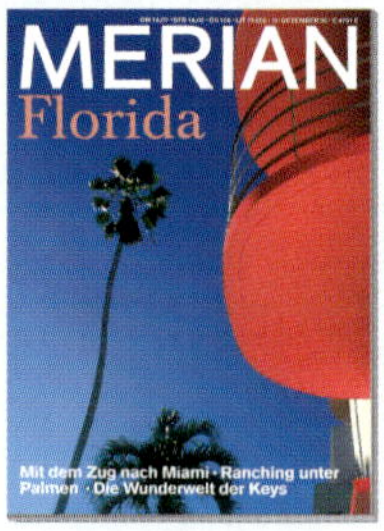

ISBN 3-7742-9812-2

ISBN 3-7742-9811-4

ISBN 3-7742-9810-6

MERIAN zum Nachbestellen

Ich bestelle folgende MERIAN-Titel für € 7,50 pro Ausgabe (€ 6,37 für Abonnenten) inkl. Porto und Verpackung:

MERIAN:	MERIAN:
MERIAN:	MERIAN:
MERIAN:	MERIAN:
MERIAN:	MERIAN:
MERIAN:	MERIAN:
MERIAN:	MERIAN:
MERIAN:	MERIAN:
MERIAN:	MERIAN:

☐ Ich bin MERIAN-Abonnent und komme in den Genuss des Abonnenten-Vorzugspreises. Meine Abonnement-Nr. (bitte vom Adress-Etikett abschreiben) ist:

Abonnement-Nr.

Sie erhalten eine Rechnung. Bitte keine Vorauszahlung leisten.

Anzahl der Hefte Gesamtsumme

Name / Vorname

Straße / Haus-Nr. / PLZ / Ort

ME 06 / 02

Bitte freimachen falls Marke zur Hand. Oder bestellen Sie per Fax: **040/27 17 20 64**

ANTWORT

MERIAN
Sonderversand
Postfach 60 12 20

22212 Hamburg

www.merian.de
Tausende von Reisezielen, Eventkalender, Reportagen, Tipps & Empfehlungen

ISBN 3-7742-9809-2

ISBN 3-7742-9808-4

ISBN 3-7742-9807-6

ISBN 3-7742-9805-X

ISBN 3-7742-9804-1

ISBN 3-7742-9803-3

ISBN 3-7742-9802-5

ISBN 3-7742-9801-7

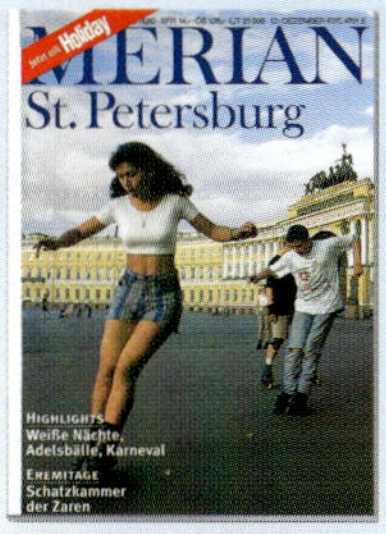

ISBN 3-7742-9712-6

ISBN 3-7742-9711-8

ISBN 3-7742-9710-X

ISBN 3-7742-9708-8

ISBN 3-7742-9707-X

ISBN 3-7742-9705-3

ISBN 3-7742-9704-5

MERIAN im Abonnement

Wenn sie MERIAN abonnieren möchten, erhalten Sie 12 Ausgaben im Jahr für € 76,40 statt € 90,– bei Einzelkauf. Nutzen Sie den Preisvorteil von 15% und sichern Sie sich Ihr Dankeschön.

Unser Dankeschön für Ihr Interesse: 5 MERIAN-Ausgaben Ihrer Wahl. Einfach umseitig auf der Postkarte Ihre Wunschtitel ankreuzen.

MERIAN im Abonnement

Ein MERIAN-Abonnement bietet Vorteile:

1. **15% Preisvorteil**
Sie erhalten 12 Ausgaben im Jahr für € 76,40 statt € 90,– bei Einzelkauf.

2. **Service**
Sie erhalten jede MERIAN Ausgabe pünktlich frei Haus inklusive Porto & Verpackung.

3. **Vertrauensgarantie**
Eine Bestellung wird erst wirksam, wenn sie nicht binnen zwei Wochen schriftlich beim MERIAN Leserservice, Postfach 60 12 20, 22212 Hamburg, widerrufen wird. Zur Wahrung der Frist genügt die rechtzeitige Absendung des Widerrufs.

4. **Geld-zurück-Garantie**
Nach Ablauf der Mindestbezugszeit von einem Jahr können Sie Ihr Abonnement jederzeit kündigen. Sie erhalten im Falle einer Kündigung für gezahlte und noch nicht gelieferte Hefte natürlich Ihr Geld zurück.

Ja, ich abonniere MERIAN für mindestens ein Jahr. Der Jahres-Abo-Preis für 12 Ausgaben beträgt € 76,40 frei Haus (innerhalb Deutschlands; Auslandspreise auf Anfrage). Als Dankeschön erhalte ich 5 Ausgaben MERIAN meiner Wahl (so lange Vorrat reicht). **Ihre gewünschten MERIAN-Ausgaben tragen Sie bitte auf der Rückseite ein.**

Name / Vorname

Straße / Haus-Nr. / PLZ / Ort

Tel.-Nr. / E-Mail

Gewünschte Zahlungweise bitte ankreuzen:

Gegen Rechnung (Bitte keine Vorauszahlung leisten.) **Bankeinzug** (Bequem und bargeldlos)

Bankleitzahl Kontonummer

Geldinstitut

bequem per Kreditkarte (Bitte ankreuzen.) Amex Visa Eurocard

Kreditkarten-Nummer

Gültig bis (bitte genau angeben)

Datum / 1. Unterschrift

Vertrauensgarantie: Die Bestellung wird erst wirksam, wenn sie nicht binnen zwei Wochen schriftlich beim MERIAN-Leserservice, Postfach 60 12 20, 22212 Hamburg, widerrufen wird. Zur Wahrung der Frist genügt die rechtzeitige Absendung des Widerrufs. Dieses Angebot gilt nur in der Europäischen Union und solange der Vorrat reicht. Das Dankeschön darf ich auch bei Widerruf behalten. Die Kenntnisnahme dieser Hinweise bestätige ich mit meiner 2. Unterschrift.

Datum / 2. Unterschrift ME 06/02-930

Bitte freimachen falls Marke zur Hand. Oder bestellen Sie per Fax: **040/27172079**

ANTWORT

MERIAN
Leserservice
Postfach 60 12 20

D-22212 Hamburg

ISBN 3-7742-9703-7

ISBN 3-7742-9611-1

ISBN 3-7742-9610-3

ISBN 3-7742-9608-1

ISBN 3-7742-9606-5

ISBN 3-7742-9605-7

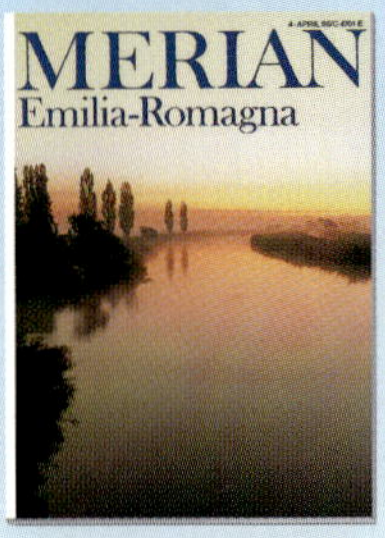

ISBN 3-7742-9604-9

MERIAN im Buchhandel

Das hier abgebildete, lieferbare MERIAN-Programm sowie alle Produkte der MERIAN Family erhalten Sie auch in jeder gut sortierten Buchhandlung.

ISBN 3-7742-9602-2

ISBN 3-7742-9517-4

ISBN 3-7742-9512-3

ISBN 3-7742-9510-7

ISBN 3-7742-9509-3

ISBN 3-7742-9506-9

ISBN 3-7742-9503-4

ISBN 3-7742-9416-X

ISBN 3-7742-9411-9

ISBN 3-7742-9408-9

ISBN 3-7742-9407-0

ISBN 3-7742-9308-2

ISBN 3-7742-9204-3

ISBN 3-7742-9103-9

MERIAN im Abonnement

Bitte kreuzen Sie aus unserem komplett lieferbaren Programm Ihre 5 Wunschtitel an:
(Die Lieferung erfolgt inklusive Porto und Verpackung.)

- Ägypten
- Amsterdam
- Andalusien
- Australien
- Baden-Württemberg
- Bali
- Barcelona
- Berlin
- Brasilien
- Bretagne
- Burgund
- Chicago
- Chile – Patagonien
- China: Shanghai und der Süden
- Chinas Norden
- Cote d'Azur
- Das neue Ruhrgebiet
- Dresden
- Elsass
- Emilia Romagna
- Florenz
- Florida
- Friaul–Triest–Venetien
- Hamburg
- Indiens Norden
- Indiens Süden
- Irland
- Island
- Istanbul
- Japan
- Jemen–Oman–VAE
- Jerusalem
- Kalifornien
- Kanadas Osten
- Kanalinseln
- Kanarische Inseln
- Köln
- Krakau
- Kreta
- Kuba
- Ligurien
- London
- Madrid
- Mallorca
- Marokko
- Mecklenburg-Vorpommern
- Mexiko
- MS Europa
- München
- Namibia
- Neuseeland
- New York
- Norwegen
- Oberbayern
- Paris
- Piemont–Turin
- Portugal
- Prag
- Provence
- Rom
- Sardinien
- Schottland
- Schweden
- Sizilien
- Spaniens Norden
- St. Petersburg
- Steiermark
- Südafrika
- Südengland
- Südtirol
- Sylt–Amrum–Föhr
- Syrien–Libanon
- Tessin
- Thailand
- Toskana
- Tunesien
- Umbrien
- USA: Die Südstaaten
- USA: Neuengland
- Venedig
- Verona und Gardasee
- Vietnam–Laos–Kambodscha
- Weimar
- Wien

Bestellen Sie einfach und bequem per

MERIAN Leserservice
Postfach 60 12 20
22212 Hamburg

040 / 87 97 35 40

040 / 27 17 20 79

www.merian.de

MERIAN
Die Lust am Reisen

MERIAN pcscout. Der digitale Reiseführer – jetzt auch für Ihren PC

Der MERIAN pc scout ergänzt optimale Routenplanung mit kompetenten MERIAN-Reiseinformationen. Restaurants, Hotels, Sehenswürdigkeiten, Golfplätze und vieles mehr können gezielt von zu Hause aus nach Ihren persönlichen Vorlieben ausgewählt und auf Wunsch mit Bild und redaktioneller Beschreibung in Ihrer Tourenplanung angezeigt und ausgedruckt werden.

MERIAN pc scout. Ihr digitaler Reise- und Routenplaner.

www.merian.de

MERIAN

Die Lust am Reisen

Text: Ruedi Leuthold, Fotos: Andri Pol

Archipel der

Einst wurden Thronfolger auf die Prinzeninsel
Zuflucht und Leo Trotzki Asyl. Istanbuls Somme

Mit Pferdekutschen oder per Rad durch die Pinienhaine von Büyükada. Autos sind auf den Prinzeninseln verboten

Königskinder

erbannt, später boten sie griechischen Mönchen
rische ist ein grünes Refugium draußen im Meer

Wir begegneten der Dame auf dem Schiff, sie saß allein auf dem Oberdeck. Unten rumpelten die alten Dieselmotoren, die Dame hatte gegen die Kälte des abziehenden Winters ein Kopftuch umgebunden. Fremd war ihre Kleidung, sie schaute weich und unverwandt auf das graue, bucklige, lärmige Monster, das wir langsam hinter uns ließen, aber nie aus dem Blick verloren: Istanbul.

Acht Millionen Einwohner, sagte Murat. Was fällt dir ein, schrie Serap, 20 Millionen!

Seit das Schiff in Eminönü losgetuckert war, balgten und stritten sich die beiden in heftiger Vorfreude. Die Prinzeninseln. Noch einmal die Prinzeninseln! Die Inseln der ersten Liebe. Die Inseln der verträumten Spazierwege. Die Inseln der Kutschen und der sanften Sommerbrise. Die Inseln der Pistaziensträucher und Pinienwälder. Wie eine Perlenkette reihen sie sich im Marmarameer aneinander, neun an der Zahl, fünf davon bewohnt, locken mit dem Versprechen auf Ruhe und Muße.

Büyükada, schwärmte Murat, ist die schönste Insel. Hier ist er noch zu spüren, der Prunk und der Charme einer verblichenen Bourgeoisie.

Was erzählst du da, fiel ihm Serap ins Wort, Heybeliada ist die schönste, die Nachbarinsel, mit ihren Wäldern und Stränden und dem klaren Wasser.

Beide sind sie stellungslose Schauspieler, Murat auf dem Sprung nach Berlin, Serap wartete auf einen Bescheid aus London.

Ein weißhaariger Kellner brachte Tee und Gebäck. Die Dame schenkte ihm ein dankbares Lächeln. Tapfer und zielstrebig kämpfte sich unser alter Kahn voran, legte in Kınalıada an, der „Hennafarbenen". Die Insel grüßte mit Reihen hässlicher Neubauten und einem Wald von Antennen.

Das ist die Insel der armenischen Schmuckhändler, berichtete Murat. Sie liegt der Stadt am nächsten, deshalb konnten die Händler täglich hin und her pendeln. Diese Insel, entschied er, lassen wir aus.

Am Ende des 8. Jahrhunderts verbannte die byzantinische Herrscherin Irene ihren Sohn auf die Inseln im Marmarameer, um an seiner Stelle den Thron zu übernehmen. Anderen jugendlichen Adligen ging es nicht besser – verstoßene Königskinder gaben dem Archipel seinen Namen.

Serap erzählte es, und so, wie sie es sagte, konnte man denken, sie würde vielleicht lieber hier in der Verbannung leben als fern in London auf der Bühne zu stehen.

Es gibt auch Schnellboote zu den Inseln, aber das, fand Murat, ist etwas

Poesie: Auf Burgaz Adası quartierte sich der Erzähler Said Faik ein, für ihn roch die Welt „nach Pfirsichen und Honigmelonen"

Die Veranden, Altane und Balkons der Holzvillen von Büyükada, erbaut im 19. Jahrhundert von wohlhabenden Griechen aus Istanbul, wecken Träume vom tiefen Süden.

Die Inseln der Droschken, der verträumten Spazierwege und eleganten Villen

Stille Pracht: Innenhof des Hotels Splendid auf Büyükada

Kurs auf Heybeliada: Die zweitgrößte der neun Inseln ist ein Lieblingsziel für Naturfreunde

Kürbisse und Blumenkohl: Markt auf Büyükada

Vom Meer umschlossen, von der Natur verwöhnt und von Istanbul nicht weit entfernt

Wo die Zeit stehen geblieben ist: am Saat Meydanı, dem Uhrenplatz auf Büyükada

für Touristen. Zum Vergnügen des Ausflugs gehört der gemächliche Ritt über die Wellen, das Knarren der alten Bänke, die schon so viele Geschichten gehört haben.

Die einsame Dame mit dem Kopftuch mochte das Gleiche denken. Jedenfalls wandte sie sich plötzlich an uns. Denkt daran, sagte sie, die Prinzeninseln sind nicht nur ein Ort der Verbannung. Lange waren sie auch die Inseln der Freundschaft, wo die unterschiedlichsten Sprachen, Türkisch, Griechisch, sephardisches Hebräisch, Französisch, Englisch gesprochen und alle Religionen toleriert wurden.

Gern hätten wir ihr länger zugehört, aber das Schiff legte jetzt auf Burgaz Adası an, für die beiden jungen Türken das Zeichen zu einem erneuten fröhlichen Wettstreit.

Die Fische sind müde, das Meer erschöpft. So schrie Murat in den Wind. Die Welt riecht nach Pfirsichen und Honigmelonen. So überbot ihn Serap.

Die großen Worte des Erzählers Sait Faik, der 20 Jahre auf Burgaz Adası gelebt hatte. Auf allen Seiten vom Meer eingeschlossen, dachte er über die Menschen und das Wesen einer Insel nach. Hier, schrieb er, hier erteilen uns Wind, Stürme, Meeresungeheuer den Befehl zur dicken Freundschaft, sie erzählen, dass uns kräftige, feste Muskeln gegeben wurden, um den Schwachen beizustehen, ein scharfer Verstand, um uns mit dem noch bescheideneren, langsameren Geist, ja selbst der Dummheit anzufreunden, dass die Suppe deshalb so herrlich duftet, damit wir sie mit dem teilen, der ohne sie auskommen muss.

Wir fuhren weiter nach Heybeliada, deren Strände und grüne Wälder Seraps Glück bedeuten. Es zog uns hinauf auf einen der beiden Hügel, dort gingen wir an hundertjährigen Holzvillen und prächtigen Gärten vorbei, und dann, oben angelangt, kamen wir zu einer dicken Mauer, deren Einlass von einem grimmigen Wärter bewacht wurde.

Das alte Kloster der Griechisch-Orthodoxen, flüsterte Serap, das geschlossene Priesterseminar. Misstrauisch näherte sich uns der wachhabende Mensch, und als er fragte, was wir hier zu suchen hätten, antworteten wir mutig, wir wollten dem Kloster einen Besuch abstatten. Es folgte ein längeres Verhör über Absichten und Herkunft, schließlich erhielten wir den Bescheid, ein Stündchen zu warten.

Man sah auf das tiefblaue Meer, man sah die Nachbarinseln, man sah Istanbul, roch die Natur, und auch sonst lohnte sich das Warten. Pater Theodor kam im wallenden schwarzen Rock, er lud uns ein, Geschichte zu besichtigen.

Im Jahr 736 waren die Mönche auf die Insel gekommen, hatten Piraten, Erdbeben und Kreuzzüge überstanden. 1840 zerstörte ein Feuer die Gebäude, das Kloster wurde neu aufgebaut, ein Priesterseminar eingerichtet.

Wir sahen die kostbaren Ikonen in der Kapelle, die alte Bibliothek mit den 60000 Büchern und die leeren Schlafsäle und Schulzimmer, von den vier letzten Mönchen des Klosters frisch gebohnert. 1971 hatte die türkische Regierung das Unterrichtswesen verstaatlicht und private Univer-

Eine Insel, so vornehm, dass sie früher nur mit Handschuhen und Krawatte betreten werden durfte

sitäten verboten. Jetzt hoffen die Bewahrer des alten Wissens auf eine andere Laune der Politik, die es ihnen erlaubt, wieder Nachwuchs auszubilden für die 80 griechisch-orthodoxen Kirchen, die in Istanbul noch bestehen.

Serap und Murat waren beeindruckt. Und als Pater Theodor erklärte, dass es die reichen Griechen Istanbuls waren, welche die Prinzeninseln als Sommerresidenz entdeckt und hier ihre Villen und Landhäuser erbaut hatten, und als er sagte, dass nach dem Zypern-Konflikt 1974 die meisten Griechen weggegangen seien, da erinnerten sich plötzlich alle an die Dame vom Schiff.

Weiter nach Büyükada, Königin der Prinzeninseln. Es war nach Mittag, als das Schiff anlegte, und die Frühlingssonne wärmte die alten Hotels der Strandpromenade. Ein Fischer klaubte ein paar Sardinen aus dem Netz, eine Schar Katzen wartete hungrig. Wir aßen etwas in einem alten Kaffeehaus, und es stellte sich heraus, dass der Besitzer, Hasan Aktaş, lange Jahre in Deutschland gearbeitet hatte.

Und wieder ein Spaziergang durch die Geschichte: Zehn Jahre lang hatte Hasan Aktaş auf dem Münchner Friedhof Gräber geschaufelt. Mit dem sauer verdienten Geld hatte er sich das Kaffeehaus gekauft, Emer Casino mit stolzem Namen, das einem ausgewanderten Griechen gehört hatte. Auf der Insel Büyükada, auf welcher der Vater Gärtner gewesen war, und die man zu seiner Jugendzeit nur mit Handschuhen und Krawatte hatte betreten dürfen.

Nein, sagte Hasan Aktaş, heute kommen Istanbuls *beautiful people* über das Wochenende nicht mehr auf die Prinzeninseln. Sie fliegen in den Süden. Die meisten Häuser hier wurden von sephardischen Juden gekauft, die im 16. Jahrhundert vor der spanischen Inquisition nach Istanbul geflohen waren.

Und Hasan Aktaş selber? Er gehört zur Minderheit der Alawiten. Und die Pferdekutscher, welche die Gäste über die Insel fahren, sind in der Mehrzahl Kurden. Eine Arche Noah der Kulturen, sagte Murat.

Erst heute morgen, flüsterte Hasan Aktaş, ist mit dem ersten Schiff eine Dame angekommen, eine Griechin. Und sie fragte mich, denn ich spreche auch Griechisch, wo der Sohn des Apothekers sei, des türkischen Apothekers vom Dorfplatz, mit dem habe sie immer gespielt in ihrer Jugend.

Aber wer weiß schon, brummte Hasan Aktaş, wo der Sohn des Apothekers hingekommen ist?

Wir buchten eine Kutschenfahrt, die kleine. Überhaupt sollte man nur mit Kutschen durch die Geschichte fahren. Murat und Serap wickelten sich fest in die Wolldecken. Vorbei am Haus, in dem Trotzki von 1929 bis 1933 die Geschichte der russischen Revolution geschrieben hat. Vorbei an den Fantasien der verschiedenen Architekten. Durch duftende Pinienwälder, bis Serap und Murat, ein einziges Mal einstimmig, Halt geboten.

Hinauf darf man nur zu Fuß, sagten sie. Oben, auf 203 Meter Höhe, liegt die Hagios Giorgios, eine griechisch-orthodoxe Wallfahrtskirche. Aber alle, sagte Murat, ob Muslime, Juden oder Christen, dürfen sich etwas wünschen, wenn sie die steile Straße hinaufklettern. Ja, bestätigte Serap, und wenn du barfuß gehst, nicht sprichst und nie zurückschaust, geht der Wunsch auch in Erfüllung.

Sie sprachen wenig, als wir hinaufgingen, und sie schauten nicht zurück.

Murat auf dem Sprung nach Berlin. Serap auf dem Weg nach London.

Oben gab es einen Kiosk und den Blick über das Meer.

Und dann sahen wir die Dame wieder. Auch sie hatte den Weg hinauf zu Fuß gemacht. Sie lächelte uns zu. Dann zog sie langsam Strümpfe und Schuhe wieder an.

Ruedi Leuthold *lebt bei Luzern. Seit ihm die Besitzerin einer alten Villa mit 18 Zimmern ihre Visitenkarte gab, träumt er oft von Büyükada.*
Sein Landsmann **Andri Pol**, *Jahrgang 1961, hat für* MERIAN *zuletzt in Amsterdam fotografiert (5/2002).*

Muße für Lektüre: 90 Minuten vom Festland bis zur Ostseite von Heybeliada

MERIAN - Info

Prinzeninseln (Kızıl Adalar)
Der Archipel, im Altertum Demonnesoi, Volksinseln, genannt, besteht aus neun Inseln. Die Hauptinsel Büyükada (Große Insel) liegt rund 20 Kilometer von Istanbuls Fähranleger Sirkeci und 2,3 Kilometer von Kartal auf dem asiatischen Festland entfernt. Nur fünf Inseln sind bewohnt. Im Winter leben hier kaum mehr als 7000, im Sommer 70 000 bis 100 000 Menschen.

DIE WELT DES WEINS, FREI HAUS.
MIT EINEM ABO VOM WEIN GOURMET.

Der WEIN Gourmet ist die Zeitschrift für anspruchsvolle Leser und Wein-Liebhaber mit Lebensart und Lebenslust. Einsteigern und Kennern bietet er einen hochkarätigen Mix aus opulenten Reportagen und umfangreichem Serviceteil. Unser Dankeschön für Ihr Abonnement: Eine Flasche Bordeauxwein vom köstlichen 1998er Château Haut-Cadet Grand Cru Saint Emilion. Das erlesene Geschenk für Genießer!

DER FEINSCHMECKER WEIN Gourmet
DAS INTERNATIONALE WEIN MAGAZIN

❑ **Ja, ich möchte den WEIN Gourmet selbst abonnieren.** Senden Sie mir den WEIN Gourmet ab der nächsten Ausgabe viermal pro Jahr innerhalb Deutschlands zum Preis von € 20,00 (Einzelheft € 5,00) inkl. Porto zu (Auslandspreise auf Anfrage). Das Abonnement und das Dankeschön senden Sie bitte an folgende Adresse:

Name/Vorname des neuen Abonnenten

Straße/Hausnummer

PLZ Wohnort

Telefon (tagsüber)

Gewünschte Zahlungsweise (bitte ankreuzen)
❑ Bequem und bargeldlos durch Bankeinzug

Kontonummer Bankleitzahl

Geldinstitut

❑ Bequem per Kreditkarte ❑ Amex ❑ Visa ❑ Eurocard

Kreditkartennummer (bitte genau angeben)

Gültig bis

❑ Nach Rechnungsempfang, ohne Vorauszahlung

Datum/Unterschrift des Bestellers/neuen Abonnenten

Vertrauensgarantie: Die Bestellung wird erst wirksam, wenn sie nicht binnen zwei Wochen schriftlich beim WEIN Gourmet Leserservice, Postfach 60 12 20, 22212 Hamburg, widerrufen wird. Zur Wahrung der Frist genügt die rechtzeitige Absendung des Widerrufs. Dieses Angebot gilt nur bis zum 29.05.02 in der Bundesrepublik Deutschland und nur solange der Vorrat reicht. Das Dankeschön darf ich auch bei Widerruf behalten. Die Kenntnisnahme dieser Hinweise bestätige ich mit meiner 2. Unterschrift.

2. Unterschrift des neuen Abonnenten Me 6/02-20324

Bestellen Sie Ihr Abo einfach per Telefon unter 0 40/87 97 35 40, per Fax unter 0 40/27 17 20 79, per e-Mail unter leserservice@jalag.de oder schicken Sie diesen Coupon an: WEIN Gourmet Leserservice, Postfach 60 12 20, 22212 Hamburg.

MERIAN-Impressum

Gegründet 1948 im Hoffmann und Campe Verlag zu Hamburg

Herausgeber: Manfred Bissinger
Chefredakteure: Emanuel Eckardt, Wolf Thieme
Stellvertretende Chefredakteurin: Gesa Engelschall
Textchef: Fred Langer
Art Directorin: Sabine Lehmann
Chef vom Dienst: Tibor M. Ridegh
Redakteure: Charlotte von Saurma, Kathrin Sander
Redakteurin dieses Heftes: Margot Weber
Magazin: Peter Würth
Schlussredaktion: Tibor M. Ridegh (Vertretung Jasmin Wolf)
Dokumentation: Jasmin Wolf
Mitarbeit: Gürsoy Doğtaş, Dr. Birgit Haustedt, Catharina Nikolic, Anke Schlesiger, Claudia Schmidt, Nurhan Şekerci, Andreas Weber
Layout: Dorothee Schweizer (stellvertr. Art Directorin), Ingrid Koltermann, Cornelia Böhling, Katharina Holstein, Beate Meding
Bildredaktion: Eva M. Ohms, Hanni Rapp
Bildredakteurin dieses Heftes: Hanni Rapp
Kartographie: Peter Münch
Verlagsleitung: Peter Rensmann
Herstellung: Heidrun Seven
Gesamt-Anzeigenleitung (verantw.): Roberto Sprengel
Anzeigenleitung: Christel Janßen
Anzeigenstruktur: Patricia Hoffnauer
Vertriebsleitung: Stefan Zastrutzki (Zeitschriftenhandel), Jan Wiesemann (Buchhandel)

MERIAN erscheint monatlich im Jahreszeiten Verlag GmbH Poßmoorweg 5, 22301 Hamburg Tel. 040/27 17-0, Fax 040/27 17-20 56.
Anschrift der Redaktion: Harvestehuder Weg 42, 20149 Hamburg, Postfach 130444, 20139 Hamburg, E-Mail: Redaktion@Merian.de Tel. 0 40/441 88-0, Fax 040/441 88-3 10
Website: www.merian.de
Leserservice: Postfach 601220, 22212 Hamburg, Tel. 040/87 97 35 40 Fax 040/27 17-20 79

Gültige Anzeigenpreisliste: Nr. 37b. Das vorliegende Heft Juni 2002 ist die 6. Nummer des 55. Jahrgangs. Diese Zeitschrift und die einzelnen Beiträge und Abbildungen sind urheberrechtlich geschützt. Jede Verwertung außerhalb der engen Grenzen des Urheberrechtsgesetzes bedarf der Zustimmung des Verlages. Keine Haftung für unverlangt eingesandte Manuskripte und Fotos.

Preis im Abonnement monatlich 6,37 €, inklusive Zustellung frei Haus. Der Bezugspreis enthält 7% Mehrwertsteuer. Postgirokonto Hamburg 132 58 42 01 (BLZ 200 100 20), Commerzbank AG, Hamburg, Konto-Nr. 611657800 (BLZ 200 400 00)
Führen in Lesemappen nur mit Genehmigung des Verlages. Printed in Germany.
Litho: Alphabeta, Druckformdienst GmbH, Hamburg.
Druck und Verarbeitung: heckel GmbH, Nürnberg.
ISBN: 3-7742-6706-5

MERIAN (USPS No. 011-458) is published monthly. The subscription price for the USA is $ 110 per annum. K.O.P.: German Language Publications, Inc., 153 South Dean Street, Englewood NJ 07631. Periodicals postage is paid at Englewood NJ 07631, and at additional mailing offices. Postmaster: send address changes to:
MERIAN, German Language Publications, Inc., 153 South Dean Street, Englewood NJ 07631.

Bildnachweis

Anordnung im Layout: o=oben, u=unten, r=rechts, l=links, m=Mitte. Titel: Guido Mangold; S. 3 Christian Kaiser; S. 6 m Massimo Borchi/Atlantide, u Andri Pol; S. 7 m Musee des Beaux Art, Nantes, u Murat Türemiş; S. 8 von oben nach unten: Merle Hilbk, Murat Türemiş, Mehmet Gülbiz, Amos Schliack, Bundesbildstelle/ Andea Bienert; S. 10 Gülbiz; S. 12 o Birgit Meseck-Thieme, m, u Mangold; S. 14 o Ulla Kimmig, u Enrico Bossan/ Contrasto/Focus; S. 16 o, u Türemis; S. 18/19 Nigel Hilleer/gettyimages; S. 20/21, 22, 23 o Mangold; S. 23 u Georg Knoll; S. 24/25 Yao Zhang; S. 26 Türemiş/laif; S. 27 o, u, 28/29 Mangold; S. 30 Knoll; S. 32 Steve McCurry/ Magnum/Focus; S. 33 Stefano Amantini/Atlantide; S. 36 Türemiş; S. 38 Kimmig; S. 39 Türemiş; S. 40 ol, or, ur Türemis, ul Mangold; S. 42 Kimmig; S. 43 Stefano Scata; S. 44 ol Türemiş, or, ul Kimmig, ur Knoll; S. 46-51 Pol; S. 52/53 Mangold; S. 55 Ali Kabas; S. 56-64 Türemiş; S. 66 Scata; S. 68, 69, 70, 71, 72/73, 74 o, 75, 76 Türemiş; S. 74 u Borchi/Atlantide; S. 78 Stockfood; S. 80 o P.S. Kristensen, u Scata; S. 82 Kimmig; S. 85 Ullstein Bild; S. 86/87 Gülbiz; S. 88 o AKG, u Türemiş; S. 89 o BPK, u Türemiş; S. 90 Mangold; S. 91 Türemis/Christie's Images; S. 92 lo, ro, u AKG; S. 95 Knoll; S. 100-106 Pol; S. 109 Amantini/Atlantide; S. 110 Josef Poleross/Ag. Anzenberger; S. 11 Amantini/Atlantide; S. 112 o Mangold, m Borchi/Atlantide; S. 114 Türemiş; S. 115 Brigitte Lacombe; S. 116/117, 117 u Mangold; S. S. 118 Türemiş; S. 119 Kimmig; S. 120 o Benoit Pesle/Ag. Anzenberger, u . 121, 122 Mangold; S. 124 l Türemiş, r Borchi/Atlantide; S. 125 Mehmet Gülbiz; S. 126 Norbert Enker/laif; S. 127 Türemiş/ laif; S. 128 Gülbiz; S. 134 Bibliotheque National, Paris; S. 135 Sammlung Schloß Ambras, Innsbruck; S. 137 Gülbiz; S. 138 o Werner Mahler, ul Catherine Balet, ur Ute Mahler.

MERIAN
service
Istanbul

Blick vom Café Pierre Loti über dem Friedhof von Eyüp. Auf der anderen Seite des Goldenen Horns der Stadtteil Sütlüce

Foto: Stefano Amantini

Mit dem Flair der Krimis von Agatha Christie: die elegante Bar des Pera Palas

■ ÜBER NACHT

Behaglich wie im Orient-Express

Der Glanz verblasst, der Ruhm ist geblieben: Das Pera Palas war Quartier für Diven und Kaiser

Wer eine Vorliebe für die angestaubte Pracht der Belle Époque hat und lieber mit dem legendären Orient-Express statt mit einer schlichten Chartermaschine in Istanbul angekommen wäre, ist im **Pera Palas** richtig. Das 1892 eröffnete Hotel ist die Stein und Stuck gewordene Erinnerung an den Glanz des ausgehenden 19. Jahrhunderts im europäischen Viertel der osmanischen Hauptstadt. Péra hieß der Stadtteil damals, heute Beyoğlu. Die Rue de Péra war die prächtige Flaniermeile und das Pera Palas der Ort, an dem sich alle trafen, die Rang und Namen in Politik, Wirtschaft und Kultur hatten.

Gebaut wurde das Hotel von der französischen Orient-Express-Gesellschaft als standesgemäßes Quartier für ihre Gäste, die luxuriös in die Ferien reisten. Vom französischen Architekten Alexander Vallaury gebaut, der auch das Gebäude der Ottoman Bank entwarf, war das Pera Palas bis in die dreißiger Jahre des 20. Jahrhunderts die erste Adresse am Bosporus.

Wer sich im Pera Palas einquartiert, nächtigt vielleicht im selben Zimmer, in dem vor vielen Jahren schon Yehudi Menuhin, Jacqueline Kennedy oder der Schah von Persien die Annehmlichkeiten des Hauses genossen. Die Ikone des Pera Palas aber ist immer noch Agatha Christie, die hier an ihrem berühmten Buch „Orient Express" arbeitete. Vor allem Bar und Restaurant vermitteln bis heute das Gefühl, die Grande Dame des Kriminalromans könnte gleich um die Ecke kommen.

Das Pera Palas lebt heute hauptsächlich von seinen Erinnerungen. Die Staatsempfänge finden jetzt im Çırağan Palace Kempinski und die Hochzeiten der High Society im Hilton statt. Auch der Komfort des Hotels entspricht nicht mehr den Ansprüchen der Gäste moderner Fünf-Sterne-Hotels. Doch die Musik in der Bar ist exzellent, die Cocktails sind hervorragend, und das Pera Palas liegt immer noch im Zentrum der Stadt.

❶ **Pera Palas** (D 3), Meşrutiyet Caddesi 98-100, 80050 (Beyoğlu), Tel. (0212) 251 45 60, Fax 251 40 88, www. perapalas.com, perapalas@perapalas.com, DZ ab 220 $ (250 €) M

Die Bewertungen:

Alle Adressen im Service-Magazin sind Empfehlungen der MERIAN-Redaktion. Hotels, Restaurants, Clubs und Cafés kann zusätzlich ein Merian-M als Auszeichnung für besondere Leistungen über unsere Empfehlungen hinaus verliehen werden.
M sehr gut
M M herausragend
M M M nicht zu übertreffen

Alle mit einem MERIAN-M ausgezeichneten Adressen erhalten MERIAN-Urkunde und -Sticker (auf Anfrage).

Die Hotels berechnen ihre Zimmerpreise wegen der hohen Inflation der türkischen Lira-Währung grundsätzlich in US-Dollar.

Luxus

❷ Dorint Park Plaza
(E 1), Topçu Caddesi 23
80090 (Taksim)
Tel. (0212) 254 51 00
Fax 254 71 60
www.dorint.de/Istanbul
info.istist@dorint.com
DZ ab 115 $ (131 €)
Elegantes Vier-Sterne-Hotel nur zwei Blocks nördlich des zentral gelegenen Taksim-Platzes. Internationale Küche, großzügige Zimmer, deutsches Fernsehen, deutschsprachiges Personal.

❸ Four Seasons
(D 7), Tevkifhane Sokak 1
34490 (Sultanahmet)
Tel. (0212) 638 82 00
Fax 638 85 30
www.fourseasons.com/istanbul
reservations@fourseasons.com
DZ ab 332 $ (378 €) M M
Das ehemalige Gefängnis unmittelbar hinter der Hagia Sophia und der Blauen Moschee wurde prächtig restauriert und gilt heute als das beste Hotel Istanbuls. Modernste Einrichtung in einem dezenten, unaufdringlichen osmanischen Stil. Wunderbarer Innenhof, einige Zimmer mit spektakulärem Blick auf die Hagia Sophia. Hervorragender Service.

❹ Halki Palas
(E 13), Refah Şehitleri Caddesi 94
81340 (Heybeliada)
Tel. (0216) 351 00 25
Fax 351 00 32
www.merithotels.com
DZ ab 110 $ (125 €)
Jan.-April geschlossen M M
Luxusresort auf den Prinzeninseln in absolut ruhiger Lage. Die Räume der großen aufwändig restaurierten Holzvilla sind mit antikem Mobiliar eingerichtet. Terrassenrestaurant mit herrlicher Aussicht auf die Nachbarinseln.

❺ Richmond
(D 3), İstiklal Caddesi 445
80670 (Beyoğlu)
Tel. (0212) 252 54 60
Fax 252 97 07
www.richmondhotels.com.tr
info@richmondhotels.com
DZ ab 123 $ (140 €)
Neu gebautes Hotel hinter alter Fassade zwischen ausländischen Botschaften am Ende der durch Beyoğlu führenden Fußgängerzone. Angenehme Atmosphäre, gutes Restaurant. Taxis können nicht ganz bis ans Hotel heranfahren, 50 Meter Fußweg.

❻ Splendıd Palace
(E 13), 23 Nisan Caddesi 53
81330 (Büyükada)
Tel. (0216) 382 69 50
Fax 382 67 75
DZ ab 53 $ (60 €) M M
In den Wintermonaten geschl.
Gründerzeithaus auf der Insel Büyükada mit wunderbarem Lichthof und großen schönen Zimmern. Das Hotel erinnert an die mondäne Zeit der Prinzeninseln und pflegt ein nostalgisches Image. Eindrucksvoller Blick über die anderen Inseln des Marmarameers.

❼ Taksim Plaza
(E 1), Topcu Caddesi 10
80090 (Taksim)
Tel. (0212) 238 92 20
Fax 238 92 38
www.ozbekturism.com
oteltaksimplaza@turk.net
DZ 140 $ (160 €)
Modernes Haus im Zentrum mit großen funktionalen Zimmern. Bar mit kleiner Bibliothek und Kaminfeuer für kühlere Tage, Swimming Pool, Fitness-Center.

❽ Yeşil Ev
(D 7), Kabasakal Caddesi 5
34400 (Sultanahmet)
Tel. (0212) 517 67 86
Fax 517 67 80
www.turing.org.tr
yesilevhotel@superonline.com
DZ ab 160 $ (180 €)
inkl. Frühstück M M
Zwischen Hagia Sophia und Blauer Moschee. Klassiker unter den restaurierten *konak* im historischen Viertel, den herrschaftlichen Häusern der osmanischen Elite. Das „Grüne Haus" war das erste Anwesen, das der Türkische Automobilclub vor dem Verfall rettete und als Hotel eröffnete. Schöner Kaffeegarten, im Nebentrakt Kunsthandwerk-Ausstellung.

❿ Armada Hotel
(E 8), Ahırkapı Sokak 24
34400 (Sultanahmet)
Tel. (0212) 638 13 70
Fax 518 50 60
www.armadahotel.com.tr
info@armadahotel.com.tr
DZ ab 175 $ (200 €)
Das Hotel am Meer ist im traditionellen osmanischen Stil eingerichtet. Die Zimmer verfügen über allen modernen Komfort. Gute türkische Küche, Café und Bar.

⓫ Ayasofya Pansiyonları
(D/E 7), Soğukçeşme Sokak
34400 (Sultanahmet)
Tel. (0212) 513 36 60
Fax 513 36 69
www.ayasofyapansiyonlari.com
ayapans@escortnet.com
DZ ab 100 $ (113 €) M
Entlang der Mauer des Topkapı-Palastes wurde vom Türkischen Automobilclub Turing eine Zeile ehemaliger osmanischer Holzhäuser gründlich restauriert und zu einem Hotel umgestaltet. Viel Atmosphäre. Das Gässchen hinter der Hagia Sophia ist für den motorisierten Verkehr gesperrt und deshalb eine Oase der Ruhe.

Belebendes Grün in einem Refugium der Stille: der Innenhof des Hotels Empress Zoe im Historischen Viertel

Mittelklasse

❾ And
(D 7), Yerebatan Caddesi Cami Çıkmazı 36-40
34410 (Sultanahmet)
Tel. (0212) 512 02 07
Fax 512 30 25
www.andhotel.com
andhotel@andhotel.com
DZ ab 60 $ (68 €)
Funktionaler Sechziger-Jahre-Bau ohne jeden Schnörkel. Keine besondere Atmosphäre, aber beste zentrale Lage in der Altstadt und saubere, ruhige Zimmer. Schöne Dachterrasse mit Restaurant und Café, von dort herrlicher Blick über die Altstadt.

⓬ Büyük Londra
(D 2/3), Meşrutiyet Caddesi 117
80050 (Beyoğlu)
Tel. (0212) 293 16 19
Fax 245 06 71

Die Pracht des Sultans am Bosporus: das Çırağan Palace Kempinski

DZ ab 80 $ (90 €) M
Ende des 19. Jahrhunderts eröffnet und die preiswertere Variante des Pera Palas. Der imperiale Glanz ist verblichen, die Atmosphäre der osmanischen Epoche jedoch noch spürbar. Die Ausstattung lässt leider zu wünschen übrig. Günstig aber ist die Lage in der Nähe der İstiklal Caddesi.

⑬ Empress Zoe
(E 7), Akbıyık Caddesi, Adliye Sokak 10
34400 (Sultanahmet)
Tel. (02 12) 518 25 04
Fax 518 56 99
www.emzoe.com
info@emzoe.com
DZ ab 70 $ (80 €)
inkl. Frühstück M
Stilvoll restauriertes, verwinkeltes Eckhaus im historischen Viertel. Das Haus ist klein, aber geschmackvoll eingerichtet. Schöner Innenhof zum Ausruhen und Frühstücken. Von der Dachterrasse eindrucksvoller Blick auf die Hagia Sophia. Die Atmosphäre ist unaufdringlich-familiär.

⑮ Historia
(D/E 8), Mimar Mehmet Ağa Caddesi, Amiral Tafdil Sokak 23
34400 (Sultanahmet)
Tel. (02 12) 517 74 72
Fax 516 81 69
www.historiahotel.com
historia@istanbulhotels.com
DZ ab 50 $ (57 €)
inkl. Frühstück
Ein früherer *konak* im historischen Viertel. Jetzt ein stilvolles, gut geführtes Hotel. Einige Zimmer mit sehr schönem Blick aufs Marmarameer. Einrichtung etwas verspielt, aber von modernem Standard.

⑯ Kariye
(C/D 11), Kariye Camii Sokak 18
34240 (Edirnekapı)
Tel. (02 12) 534 84 14
Fax 52 16 63
www.karyiyehotel.com
info@kariyehotel.com
DZ ab 110 $ (125 €)
inkl. Frühstück
Restauriertes Holzhaus neben der berühmten Chora-Kirche, etwas abseits des Stadtzentrums – eine Oase des alten Istanbul. Stilvoll eingerichtet, schöner Garten.

⑰ Kybele
(D 7), Yerebatan Caddesi 35
34410 (Sultanahmet)
Tel. (02 12) 511 77 66
Fax 513 43 93
www.kybelehotel.com
info@kybelehotel.com
DZ ab 80 $ (90 €) m. Frühstück
Sympathisches Haus im Historischen Viertel, überladen mit Antiquitäten und architektonischen Zitaten aus der osmanischen Ära. Klein, aber mit Stil. Zentrale Lage. Das Familienunternehmen pflegt einen angenehm persönlichen Umgang mit den Gästen.

⑱ Pamphylia
(D 7), Yerebatan Caddesi 47
34410 (Sultanahmet)
Tel. (02 12) 512 01 33
Fax 513 95 49
www.hotelpamphylia.com

MERIAN-Tipp

Wo Sultans wohnten

Der alte Sommerpalast der Sultane am Ufer des Bosporus wurde in einen Wohntraum am Wasser verwandelt. Neben dem historischen Gebäude entstand, dem klassischen Ambiente angepasst, in dem weitläufigen Gelände ein Neubau mit ausgedehnten Terrassen. Das Hotel der Kempinski-Gruppe genügt höchsten Ansprüchen und ist bevorzugte Adresse für Staatsoberhäupter auf Türkeivisite. Russisches und osmanisches Restaurant, schöner Gartenpool und traumhafte Jazz-Bar im Freien.

⑭ Çırağan Palace Kempinski (D 11), Çırağan Caddesi 84
80700 (Beşiktaş), Tel. (02 12) 258 33 77, Fax 259 66 87
www.ciragan.com, ciragan@ciraganpalace.com,
DZ ab 320 $ (360 €) M M M

M sehr gut M M herausragend M M M nicht zu übertreffen

info@hotelpamphylia.com
DZ ab 50 $ (57 €)
Ein mit osmanischen Versatzstücken spielendes Haus, das von einer Familie geführt wird. Schöner Bau aus dem 20. Jahrhundert in historischer Umgebung. Renoviert und mit modernen Bädern ausgestattet.

19 Sed Hotel
(F 2), Beşaret Sokak 14
80040 (Taksim-Ayaspaşa)
Tel. (02 12) 252 27 10
Fax 252 42 74
www.sedhotel.com
info@sedhotel.com
DZ ab 60 $ (68 €) inkl. Frühstück
Von außen nicht sehr ansprechend, doch eine angenehme Bleibe in einer stillen Seitenstraße nahe dem zentralen Taksim-Platz. Von vielen Zimmern schöner Bosporus-Blick. Die glasüberdachte Terrasse lädt zum Frühstücken ein.

20 Taksim Square
(E 2), Sıraselviler Caddesi 15
80090 (Taksim)
Tel. (02 12) 292 64 40
Fax 292 64 49
www.taksimsquarehotel.net
square@taksimsquarehotel.net
DZ ab 80 $ (90 €) m. Frühstück
Am Taksim-Platz. Kühle, moderne Architektur, relativ große Zimmer und makellose Bäder. Schönes Café, auch für Laufkundschaft.

21 Vardar
(E 2), Sıraselviler Caddesi 54-56
80090 (Taksim)
Tel. (02 12) 252 28 88
Fax 252 15 27
www.vardarhotel.com
info@vardarhotel.com
DZ ab 65 $ (74 €) M
Gut geführtes Mittelklassehaus in der Nähe des Taksim-Platzes. Besonders geeignet für Reisende, die nicht nur das Historische Viertel, sondern auch das moderne Istanbul kennen lernen wollen.

Hostels

22 Inter Youth Hostel
(D 7), Caferiye Sokak 6/100
34400 (Sultanahmet)
www.yucelthostel.com
info@yucelthostel.com
Tel. (02 12) 513 61 50
Fax 512 76 28
DZ ab 16 $ (18 €)
Jugendherbergen gibt es in Istanbul zwar nicht, aber das Inter Youth Hostel hinter der Hagia Sophia unterscheidet sich kaum davon. Meistens werden mehrere Personen in einem Raum untergebracht. Das Café nebenan ist ein beliebter Treff für Rucksacktouristen.

23 Orient Hostel
(E 7), Akbıyık Caddesi
13 34400 (Sultanahmet)
Tel. (02 12) 518 07 89
Fax 518 38 94
www.hotsels.com/orienthostel
orienthostel@superonline.com
DZ ab 16 $ (18 €)
Eine der besten Backpacker-Adressen in Istanbul. Auswahl zwischen de-Luxe-Zimmern mit Bad, Räumen mit einfacher Ausstattung oder Mehrbett-Zimmern. Internet-Café, wunderbare Dachterrasse und Orient Bar.

Apartmenthotels

24 Galata Residence
(D 4), Bankalar Caddesi
Hacı Ali Sokak 27
80020 (Galata)
Tel. (02 12) 292 48 41
Fax 244 23 23
www.galataresidence.com
info@galataresidence.com
Ab 60 $ (70 €) am Tag, Woche 350 $ (400 €)
Familienhaus aus der Gründerzeit unterhalb des Galataturms. Geräumige Apartments für einen längeren Aufenthalt. Schönes Dachrestaurant.

25 Triada Residence
(E 2), İstiklal Caddesi
Meşelik Sokak 10
80090 (Taksim)
Tel. (02 12) 251 01 01
Fax 292 63 63
www.triadaresidence.com
info@triadaresidence.com
Ab 80 $ (90 €) am Tag, Woche 600 $ (680 €) M M
Feine Adresse in einer Nebenstraße des Taksim-Platzes gegenüber der griechisch-orthodoxen Aya-Triada-Kirche. Die Zimmer in dem früheren Wohnhaus sind etwas klein, dafür modern, funktional und mit Internetzugang.

A'ROSA BLU im Sommer

Naturbühne Nordland

Seereisen direkt ab Warnemünde

Gewaltige Felswände, tosende Wasserfälle, spektakuläre Fjorde, strahlende Mitternachtssonne. Norwegen, Nordkap, Island und Faröer Inseln sind Stationen dieser Reise ins Nordland. Auf einem Schiff der Extraklasse – ganz leger und ohne Kleiderzwang. 14 Tage Nordland in der 2-Bett-Innenkabine, C p. Pers. ab € 2.157,50

Katalog Tel. 0 61 02/811-005
www.a-rosa.de
oder gleich buchen im Reisebüro.

aROSA
Lust auf Schiff

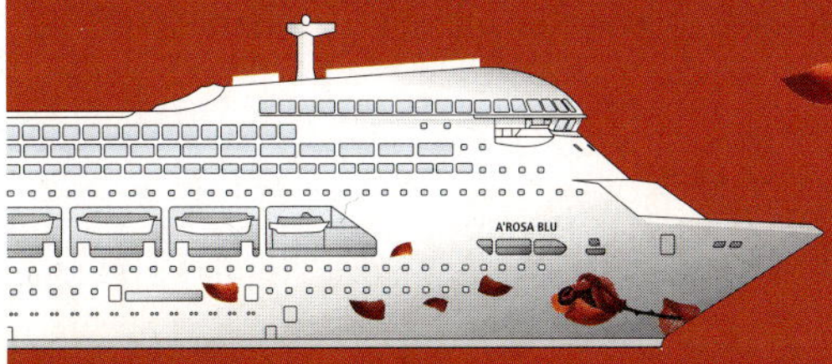

Made by seetours

Rakı-Abend im Refik. Die Gäste lassen sich Zeit – die Unterhaltung ist genauso wichtig wie das Essen

ESSEN&TRINKEN

Rakı mit Abendmahl

Der türkische Nationalschnaps darf bei Tisch nicht fehlen

Rakı, der aus kernlosen Sultaninen und Anis destillierte Schnaps, gehört zum festen Bestandteil der Ess- und Trinkkultur aller Gesellschaftsschichten. Was für die Griechen der Ouzo, die Libanesen der Arak und die Franzosen der Pastis, ist für die Türken der Rakı. Sie sind, trotz muslimischen Glaubens, nicht sonderlich abstinent.

Zu einem echten Rakı-Abend trifft man sich in einer *meyhane*. Das ist eine einfache, meist ziemlich verräucherte Kneipe, zu der die Bewohner des jeweiligen Viertels eine enge Bindung haben. Spätestens um 22 Uhr sind dort alle Tische besetzt.

Zum Rakı gehört eine feste Speisenfolge. Zum Auftakt werden Schafskäse, Brot und Oliven auf den Tisch gestellt. Rakı-Essen dienen der Unterhaltung, und niemand denkt daran, möglichst schnell den Hunger zu stillen. *Rakı mezesi,* die Köstlichkeiten des üppigen Vorspeisenangebots, sorgen für eine solide Grundlage: Dazu gehören zum Beispiel Kichererbsenpüree, eingewickelte Muscheln oder eingelegte gesalzene Makrelen. Über Stunden wird geplaudert, immer wieder werden weitere verschiedene *meze* gereicht und die leere Rakı-Flasche gegen eine volle ausgetauscht. Anders als in Frankreich der Pastis ist Rakı kein Apéritif, sondern das Getränk zur Hauptmahlzeit. Der Hauptgang wird erst spät serviert: meistens gegrilltes Fleisch, aber auch Fisch, allerdings ohne Beilagen wie Gemüse, Reis oder Kartoffeln.

Der Rakı hat erst vor einigen Jahren in moderne Bars Einzug gehalten und wird an der Theke getrunken wie sonst Whisky und Bier.

1 Refik (D 3), Sofyalı Sokak 10-12, 80050 (Tünel-Beyoğlu), Tel. (0212) 243 28 34, Mo-Sa 12-24 Uhr, Hauptgericht 10-15 Mio. Lira (9-13 €) M
Typisches *meyhane* mit guten Vorspeisen, Fisch und Fleisch. Trotz lautstarker Diskussionen herrscht eine angenehme Atmosphäre.

Restaurants

❷ Boğaziçi Borsa
(F 1), Lütfi Kırdar Sergi Sarayı (Istanbul Convention and Exhibition Centre)
80230 (Harbiye)
Tel. (02 12) 232 42 01
tgl. 12-24 Uhr, Hauptgericht um 10 Mio. Lira (9 €) M
Im neuen Kongress- und Ausstellungszentrum im Finanzdistrikt. Bei gutem Wetter Aussicht bis zu den Prinzeninseln. Osmanische Küche.

❸ Çınar Restaurant
(D 11), İskele Meydanı 24
80840 (Ortaköy)
Tel. (02 12) 261 58 18
tgl. 12-24 Uhr
Hauptgericht 7 Mio. Lira (6 €)
Klassisches Fischlokal in Nachbarschaft von Cafés und Schmuckverkäufern. Fantastische Sicht aufs Straßentreiben.

❹ Darüzziyafa
(B 5), Şifahane Caddesi 6
Süleymaniye, 34430 (Eminönü)
Tel. (02 12) 511 84 14
tgl. 12-23 Uhr, Hauptgericht um 9 Mio. Lira (10 €)
Innerhalb der früheren Armenküche der Süleymaniye Moschee, schönes Ambiente unter Arkardengängen. Ausgezeichnete türkisch-osmanische Küche, Spezialität: Linsensuppe. Es wird kein Alkohol ausgeschenkt.

❺ Hacıbaba
(E 2), İstiklal Caddesi 49
80060 (Beyoğlu)
Tel. (02 12) 244 18 86,
Fax 245 33 82
tgl. 12-24 Uhr, Hauptgerichte um 6 Mio. Lira (5 €)
Empfehlung zum Mittagessen: *güveç*, ein Gemüse-Fleischgericht in der Tonschale.

❻ Hacı Abdullah
(D/E 2), Ağa Cami Yanı,
Sakızağacı Caddesi 17
80070 (Beyoğlu)
Tel. (02 12) 293 85 61
Fax 244 32 97
tgl. 12-15, 18-24 Uhr
www.haciabdullah.com.tr
Hauptgericht um 6 Mio. Lira (5 €)
Das gediegene Esslokal ist ein Klassiker für spezielle Istanbuler Fleischgerichte – hervorragendes Döner.

❼ Karaköy Balıkcısı
(C 4), Tersane Caddesi 30,
Kardeşim Sokak 30
80640 (Karaköy)
Tel. (02 12) 251 13 71
Mo-Fr 11.30-15 Uhr
Hauptgericht ab 6 Mio. Lira (5 €) M
Ursprüngliche und etwas versteckte Fischkneipe für die Händler der Umgebung. Ausgezeichnete Küche, immer frische Meeresfrüchte aller Art. Kein Alkohol.

❽ Kartal Yuvası
(C 7), Tavukpazarı Caddesi 58/3
34440 (Çemberlitaş-Eminönü)
Tel. (02 12) 513 19 82
tgl. 12-19 Uhr, Hauptgericht 5-15 Mio. Lira (5-13 €)
Gutes Fischrestaurant 100 Meter außerhalb des geschlossenen Basars. Frische Fänge aus dem Schwarzen Meer, Salate, Reis und Kokosgebäck. Niedrige Preise, keine Touristen.

❾ Koço
(D 12), Moda Caddesi 265
81300 (Kadıköy)
Tel. (02 16) 336 07 95
tgl. 12-24 Uhr
Hauptgericht 10 Mio. Lira (9 €) M
Das älteste und eines der besten Fischrestaurants auf der asiatischen Seite. Hier bereitet eine griechische Wirtsfamilie Istanbuler Vorspeisen und frischen Fisch zu. Große Terrasse am Meer. Reservieren.

❿ Liman
(D 4), Karaköy Yolcu Salonu
Rıhtım Caddesi 52/3
80020 (Karaköy)
Tel. (02 12) 292 30 02
tgl. 12-15, 19-1 Uhr
Hauptgericht 15 Mio. Lira (13 €)
Oberhalb der Anlegestelle für Kreuzfahrt- und Passagierschiffe. Spektakuläre Aussicht auf den Bosporus und das Historische Viertel. Vorzüglicher Fisch, aber auch traditionelle türkische Fleischgerichte.

⓫ Eftalya Odessa
(D 4), Rıhtım Caddesi 29, gegenüber dem Fährableger
80640 (Karaköy-Beyoğlu)
Tel. (02 12) 244 08 46
tgl. 11-2 Uhr, Hauptgericht 2-12 Mio. Lira (2-10 €) M
Trotz Schlepper vor der Tür keine Touristenfalle, hervorragende türkische Küche zu moderaten Preisen. Gut für eine Zwischenmahlzeit.

❸ Reina
(D 11), Muallim Naci Caddesi 44
80840 (Ortaköy)
Tel. (02 12) 259 59 19
tgl. 18.30 Uhr-open end
Hauptgericht 20 Mio. Lira (18 €)
Lokal für gehobene Ansprüche am Bosporus, sehr im Trend. Internationale Küche mit Fisch. Sushi-Bar, Night-Club.

⓮ Sarnıç
(D 6/7), Soğukçeşme Sokak
34400 (Sultanahmet)
Tel. (02 12) 512 42 91
Di-So 19-24 Uhr
Hauptgericht 20 Mio. Lira (18 €) M
Das beste Restaurant im Historischen Viertel befindet sich in einer ehemaligen Zisterne. Im Hochsommer angenehm kühl. Kerzenlicht und Klaviermusik, reichhaltige internationale Speisekarte.

Wandgemälde inspirieren im Hacıbaba zu osmanischen Tafelfreuden

⓬ Rejans
(D 2), İstiklal Caddesi,
Emir Nevruz Sokak 17
80050 (Beyoğlu)
Tel. (02 12) 244 16 10
Mo-Sa 18-24 Uhr
Hauptgericht 12-15 Mio. Lira (12-14 €)
Von russischen Emigranten in den dreißiger Jahren eröffnet, heute einer der beliebtesten Treffpunkte in Beyoğlu. Die Küche ist immer noch russischer Tradition verpflichtet.

⓭ Saki
(D 2), Kamariye Sokak 11
80050 (Beyoğlu)
Tel. (02 12) 244 16 83
tgl. 12-1 Uhr, Hauptgericht um 9 Mio. Lira (8 €) M
Hinter dem Balik Pazari. Einfache Kneipe im *meyhane*-Stil, aber ohne Live-Musik.

⓯ Sofyalı
(D 3), Sofyalı Sokak 9
80050 (Tünel-Beyoğlu)
Tel. (02 12) 245 03 62
tgl. 12-24 Uhr
Hauptgericht um 10 Mio. Lira (9 €)
Gemütlich. Das Lokal wurde erst vor kurzer Zeit eröffnet, aber die Küche hat sich bereits einen sehr guten Ruf erarbeitet. Mittagstisch.

⓰ Tike
(D 10), Hacı Adil Caddesi
4. Aralık Sokak 1
34100 (2. Levent-Beşiktaş)
Tel. (02 12) 281 88 71
www.tike.com.tr, tgl. 12-1 Uhr
Hauptgericht um 8 Mio. Lira (7 €) M
Modernes Restaurant, angenehme Atmosphäre. Osmanische Kebap-Spezialitäten.

M sehr gut MM herausragend MMM nicht zu übertreffen

Glühender Genuss: das Wasserpfeifen-Ritual

Vor ein paar Jahren schien sie ein aussterbendes Kulturgut zu sein, nur noch verwendet von älteren Herren in den *kahvehanes,* den traditionellen Kaffeehäusern. Heute ist die *nargile,* die türkische Wasserpfeife, wieder in aller Munde. In Beyoğlu, Kadiköy und Eminönü öffnet ein *nargile*-Café nach dem anderen, und selbst Frauen saugen an der Wasserpfeife. In guten *nargile*-Cafés wird für jeden neuen Gast ein unbenutztes Mundstück in den Pfeifenschlauch eingesetzt. Dazu wird ein kleines Becken mit einem glühenden Kohlestück an den Tisch gestellt, damit der Genießer die Pfeife immer wieder in Gang bringen kann. Zur Auswahl stehen Tabakmischungen verschiedener Geschmacks- und Duftnoten. Der Raucher wickelt den Tabak in Alufolie, steckt ihn in den Stutzen der Wasserpfeife und platziert die Kohle darüber. Wenn der Tabak glüht, wird der Rauch bei jedem Zug durch den mit Wasser gefüllten Boden der Pfeife geleitet und kommt abgekühlt im Gaumen des Genießers an. So brennt der Rauch nicht auf der Zunge, und der Liebhaber der Wasserpfeife kann sich auf den Geschmack des Tabaks konzentrieren.

⑰ Erzurum Çayevi (E 3), Salı Pazarı, Sıra Mağazaları (Amerikan Pazarı) Nusretiye Cami Arkası 75 80040 (Tophane), Tel. (02 12) 252 24 69
Wasserpfeifen-Ritual in einem 70 Jahre alten Kaffeehaus am europäischen Ufer des Bosporus.

⑱ Armada Hotel (E 8), Ahırkapı Sokak 24, 34400 (Sultanahmet), Tel. (02 12) 638 13 70, Fax 518 50 60 www.armadahotel.com.tr
Auf der Terrasse des Armada Hotels in der Altstadt mit Blick auf Hagia Sophia und Blaue Moschee.

Emanzipation an der Wasserpfeife: In den *nargila*-Cafés rauchen au

⑲ Yakup II
(D 3), Asmalı Mescit Sokak 35
80050 (Tünel-Beyoğlu)
Tel. (02 12) 249 29 25
tgl. 12-2 Uhr
Hauptgericht 10 Mio. (8 €) M M
Treffpunkt für Journalisten, Schriftsteller, Intellektuelle und solche, die dazugehören wollen. Angeregte Atmosphäre.

Ausflugslokale

⑳ Beyti
(B 12), Orman Sokak 33
34810 (Florya-Bakırköy)
Tel. (02 12) 663 29 90
www.beyti.com
tgl. 11.30-24 Uhr, Hauptgericht um 12 Mio. Lira (11 €) M M
Restaurant mit drei Terrassen am Marmarameer und hervorragendem Angebot an Fleisch und türkischen Spezialitäten. Nicht auf den Nachtisch verzichten.

㉑ Hikmet Baba
(E 9), İskele Caddesi 11
81690 (Anadolu Kavağı)
Tel. (02 16) 320 20 47
tgl. 10-24 Uhr
Hauptgericht um 8 Mio. Lira (7 €)
Zum besten Fischrestaurant: mit dem Dampfer den Bosporus hochfahren und am letzten Anleger, Anadolu Kavağı, aussteigen.

㉒ Körfez
(E 10), Körfez Caddesi 78
81610 (Kanlıca)
Tel. (02 16) 413 43 14
Fax 413 43 06
tgl. 12-24 Uhr, Hauptgericht um 16 Mio. Lira (14 €) M
Umfangreiche Fisch-Karte, aber auch Kebap.

㉓ Kordonin
(D/E 11), Kuleli Caddesi 51
81220 (Cengelköy)
Tel. (02 16) 321 04 73
tgl. 12-15, 18-24 Uhr
Hauptgericht um 38 Mio. Lira (34 €) M
Beliebtes Fischrestaurant in einer ehemaligen Fabrik, die zu einem modernen Lokal umgebaut wurde. Berühmt wegen des Auberginen-Pürees.

㉔ Milto
(E 13), Gülistan Caddesi 22
81330 (Büyükada)
Tel. (02 16) 382 53 12
Fax 382 36 08
tgl. 11-23 Uhr, Hauptgericht 12-15 Mio. Lira (10-12 €) M M
Hier wird am Wasser groß getafelt. Üppige Auswahl an *meze* (kalte Vorspeisen). Köstliche heiße Vorspeisen, große Hummer und frische Fische. Unter den Gästen Bestseller-Autor Orhan Pamuk.

㉕ Yeni Güneş
(D/E 10), Cevdet Paşa Cad. 73
80810 Bebek
Tel. (02 12) 263 38 23
tgl. 12-15, 19-24 Uhr, Hauptgericht 12-15 Mio. Lira (10-12 €)
Im vornehmen Bosporus-Ort Bebek kann man die Ausgeh-Garderobe aus dem Koffer holen. Das Haus ist für seine exzellenten Vorspeisen berühmt: Auberginen-Püree, raffiniertes *börek* und eingelegter Oktopus.

Weinlokale

㉖ Pano
(D 2), Hamalbaşı Caddesi 26
80060 (Galatasaray-Beyoğlu)
Tel. (02 12) 292 66 64
Fax 292 66 65
www.panosarapevi.com
tgl. 10-2 Uhr, Hauptgericht 5-8 Mio. Lira (4-6 €) M M
Schönes Weinlokal. Offene Weine und leichte Mahlzeiten. Gute Stimmung.

㉖ Viktor Levi
(D 2), Hamalbaşı Caddesi 12
80060 (Galatasaray-Beyoğlu)
Tel. (02 12) 249 60 85
Fax 249 62 75
www.viktorlevi.com
tgl. 11.30-2 Uhr, Hauptgericht um 12 Mio. Lira (10 €)
Gern besuchtes griechisches Weinlokal. Jeden Abend voll, gelassene Atmosphäre, umfangreiche Weinkarte. Am Wochenende reservieren.

㉗ Zarifi
(E 2), Çukurluçeşme Sokak 13
80060 (Beyoğlu)
Tel. (02 12) 293 54 80
Fax 293 54 84
tgl. 19.30-4 Uhr
Hauptgericht 15 Mio. Lira (13 €)
2001 eröffnetes Luxusrestau-

M sehr gut M M herausragend M M M nicht zu übertreffen

...rauen auf klassische Art

rant. Elegantes Ambiente. Mehr als 200 Weinsorten, erstklassige internationale Küche. Reservieren.

Shopping-Oasen

28 Barış Büfe
(E 12), Bağdad Caddesi 379
81070 (Şaşkınbakkal-Kadıköy)
Tel. (02 16) 369 01 70
tgl. 7-24 Uhr
An der größten Shopping-Meile auf der asiatischen Seite. Leckere Toasts, Döner.

29 Pandeli
(C 5), Mısır Çarşısı 1
(Ausgang zur Galata-Brücke)
34420 (Eminönü)
Tel. (02 12) 527 39 09
Mo-Sa 11-15.30 Uhr
Über dem Gewürzbasar, schöner Blick in die Halle. Touristischer Mittagstisch mit *börek*-Spezialitäten und Fischspießen. Immer voll.

30 Selim Usta Köftecisi
(D 7), Divanyolu Caddesi 12/A
34410 (Sultanahmet)
Tel. (02 12) 513 14 38
tgl. 10-20 Uhr M M
Die besten *köfte,* gegrillte Fleischbällchen, serviert das Traditionslokal der frühen zwanziger Jahre gegenüber der Blauen Moschee. Kein Touristennepp.

31 Vakko Café Le Select
(E 2), İstiklal Caddesi 123-125
80070 (Beyoğlu)
Tel. (02 12) 251 65 65
Fax 251 10 92
Mo-Sa 9-19 Uhr
Mondän, im obersten Stock des bekanntesten Mode-Hauses der Stadt. Im selben Gebäude befindet sich auch das interessante Modemuseum Vakko Life.

Cafés – Frühstück – Imbisse – Teegärten

9 Ali Usta Dondurmacısı
(D 12), Moda Caddesi 264
81300 (Moda-Kadıköy)
Tel. (02 16) 414 18 80
tgl. 12-23 Uhr
Der Kaffee ist ausgezeichnet, die Torten frisch, am besten ist das Speiseeis. An Sommerabenden lebhafter Betrieb wie in der Rush-Hour.

Stilvolles Lokal mit kraftvollen Weinen: das Pano in Galatasaray

32 Ara
(D 2), İstiklal Caddesi
Tosbağ Sokak 8/A
80050 (Galatasaray-Beyoğlu)
Tel. (02 12) 245 41 05
Fax 245 41 04
tgl. 11-24 Uhr
Gelungene Mischung aus Café, Galerie und Kneipe für die kleine Zwischenmahlzeit. Das Haus gehört dem bekannten Fotografen Ara Güler, der hier Bilder von Kollegen ausstellt.

33 Armani
(F 1), Maçka Caddesi 35
80200 (Teşvikiye)
Tel. (02 12) 224 44 77
tgl. 12-23 Uhr
Nobles Café neben einer eleganten Boutique. Treffpunkt der Yuppie-Szene von Nişantaşı und Teşvikiye. Diverse Kaffees, Espresso-Sorten und eine große Auswahl an Sundownern.

3 Aşşk
(D 11), Muallim Naci Caddesi 170 A
80840 (Kuruçeşme-Beşiktaş)
Tel. (02 12) 265 47 34
Di-So 9-21 Uhr
Bekannt für reichhaltiges Frühstück und Brunch. Populärer Treff am Wochenende.

34 Bahçe
(D 12), Fener Kalamış Cad. 91
81030 (Fenehbahçe-Kadıköy)
Tel. (02 16) 418 08 93, tgl. 9-1 Uhr
Teegarten an der Marina von Kalamis. Treff der Jugend.

3 Beltaş
(D 11), Ortaköy Cami Meydanı
1780840 (Ortaköy-Beşiktaş)
Tel. (02 12) 259 07 32
tgl. 11-24 Uhr
Schöner Platz am Bosporus. Hier kann man den ganzen Nachmittag damit verbringen, den Leuten und den Schiffen zuzusehen.

35 İnci Profiterol
(D 2), İstiklal Caddesi 124/2
80070 (Beyoğlu)
Tel. (02 12) 243 24 12
tgl. 10-22 Uhr
Wer die besten *profiteroles* genießen will, geht zu İnci. Die kleine Patisserie serviert die mit flüssiger Schokolade übergossenen Brandteigkugeln ofenfrisch.

36 K & V
(D 3), İstiklal Caddesi
Tünel Pasajı C Blok 6
80050 (Beyoğlu)
Tel. (02 12) 251 43 38
tgl. 8-1 Uhr M
Schönes Café gegenüber dem Ausgang der Tünel-Bahn. Tagsüber werden Kaffee, frisch gepresster Orangensaft und Kuchen serviert. Abends Restaurantbetrieb.

37 Kafka
(D 2/3), Yeni Çarşı Caddesi 26/1
80050 (Galatasaray-Beyoğlu)
Tel. (02 12) 245 19 58
tgl. 10-22 Uhr
In der Nähe des Goethe-Instituts, neben mehreren Buchläden. Gemütlicher Platz für die Zeitungslektüre.

38 Kaktüs
(E 2), İstiklal Caddesi
İmam Adnan Sokak 4
80080 (Beyoğlu)
Tel. (02 12) 249 59 79
Mo-Sa 9-2, So 11-2 Uhr M
Festes Stammpublikum: Journalisten, Schriftsteller und Feministinnen.

9 Moda Çay Bahçesi
(D 12), Devriye Sokak 7
81300 (Moda-Kadıköy)
Tel. (02 16) 337 99 86
tgl. 8-23.30 Uhr M
Der große Teegarten an der Spitze der Moda-Halbinsel ist ein beliebter Treffpunkt auf der asiatischen Seite. Im Sommer lassen sich hier viele Familien für Stunden nieder.

39 Pierre Loti
(A 9), Gümüşsuyu Caddesi
Balmumcu Sokak
34040 (Eyüp)
Tel. (02 12) 581 26 96
tgl. 11-21 Uhr
Das dem französischen Romancier Pierre Loti gewidmete Café auf dem Hügel über dem Friedhof in Eyüp am Goldenen Horn ist stets gut besucht. Schöner Blick über die Altstadt.

40 Romantika
(D 12), Fenerbahçe Parkı
81030 (Fenerbahçe-Kadıköy)
Tel. (02 16) 336 97 45
tgl. 8-24 Uhr
Großes Café im Rokkokostil im Park unterhalb des Leuchtturms von Fenerbahçe.

Ins rechte Licht gerückt: das vor wenigen Jahren noch beschauliche Kumkapı

■ SZENE

Fisch und Fun

Wie der Hafen Kumkapı zur Spaßmeile wurde

Attila, der Wirt des kleinen Fischrestaurants **Martı**, ist zufrieden. Alle Tische besetzt, Bier und Rakı fließen, und auf dem Grill in der Küche brutzeln *levrek, barbunya* und *istavrit*, leckerer frischer Fisch aus dem Bosporus. An den Tischen auf der Gasse vor dem Restaurant geht es hoch her. Eine Kapelle macht die Runde, die Geige quietscht, und die Oboe schrillt in den höchsten Tönen. Ein Fotograf will unbedingt die Tafelrunde ablichten und hofft, mindestens zehn Bilder gut verkaufen zu können. Kundschaft gibt es genug, denn in der Çapariz Sokak reiht sich, wie das empfehlenswerte **Gölcek**, ein Lokal ans andere. Aus dem vor einigen Jahren noch recht beschaulichen Kumkapı, wo die Fischer in einem kleinen Hafen ihren Fang anlandeten, ist ein Vergnügungszentrum geworden. Direkt am Wasser wird bis in den späten Abend Fisch verkauft, während sich die Nachtbummler ein paar hundert Meter weiter amüsieren. Etwas außerhalb der bunten Lichter und weg von den lauten Kapellen findet sich plötzlich die Welt eines ärmlichen Istanbuler *mahalle*, eines traditionellen Wohnviertels. Hier hat der Patriarch der Armenischen Kirche seinen Sitz und die Bezirksverwaltung von Eminönü ihr bescheidenes Rathaus. In der Nähe das **Kör Agop**, eine armenische Traditionskneipe.

❶ Martı (B 8), Çapariz Sokak 12, 34490 (Kumkapı), Tel. 517 45 63, tgl. 11-24 Uhr, Hauptgericht 12 Mio. Lira (10 €) M Fischrestaurant.
❶ Gölcek (B 8), Çapariz Sokak 18, 34490 (Kumkapı) Tel. 518 85 40, tgl. 11-24 Uhr, Hauptgericht um 12 Mio. Lira (10 €). Türkische Küche, auch Fisch.
❷ Kör Agop (B 8), Ördekli Bakkal Sokak 7, 34490 (Kumkapı), Tel. 517 23 43, tgl. 10 Uhr-open end, Hauptgericht ab 15 Mio. Lira (13 €). Armenisch-türkische Küche.

Bars

❸ 5. Kat
(E 2/3), Sıraselviler Caddesi Soğancı Sokak 7 – Bilsak 80090 (Cihangir-Beyoğlu)
Tel. (02 12) 293 37 74
tgl. 11 Uhr-open end M M
Plüschige Bar und Restaurant im Bilsak-Kulturzentrum. Jazz oder Blues. Toller Blick.

❹ Hayal Kahvesi
(E 2), Büyükparmakkapı Sokak 19, 80090 (Beyoğlu)
Tel. (02 12) 244 25 58
tgl. 14-2 Uhr
Für ein gemütliches Bier an der langen, dunklen Holztheke – bis kurz vor Mitternacht. Danach beginnt die Live-Musik, und es wird höllisch laut.

❺ Sefahathane
(D 2), İstiklal Caddesi 209/5, Atlas Pasajı, 80050 (Beyoğlu)
Tel. (02 12) 251 22 45
tgl. 10-2 Uhr
Die schönste Bar Beyoğlus für einen Absacker. Versteckt im Durchgang der Atlas-Passage.

❻ Touchdown
(F 1), Abdi İpekçi Caddesi 61/11 80200 (Teşvikiye)
Tel. (02 12) 231 36 71
tgl. 10-2 Uhr
Tagsüber eine Snack-Bar, abends wird die Musik etwas lauter – beliebter Treffpunkt der Reichen und Schönen.

Bauchtanz

❼ Çırağan Palace Kempinski
(D 11), Çırağan Caddesi 84 80700 (Beşiktaş)
Tel. (02 12) 258 33 77
Fax 259 66 87
www.ciragan.com
ciragan@ciraganpalace.com
Im Blauen Raum des alten Ottomanen-Palasts (heute Kempinski-Hotel, ▶ s. S. 112) kann man bei der Sultan's Night hervorragende männli-

che Tänzer, zum Beispiel Ilhan Karabacak, bewundern (Auftritt tgl. gegen 21 Uhr).

8 Galata-Turm
(D 4), Büyük Hendek Caddesi 80040 (Beyoğlu-Şişhane)
Tel. (02 12) 293 81 80
Fax 245 21 33
tgl. 20-24 Uhr
Eintritt inkl. Menü 75 $ (85 €)
Der Blick über die Stadt ist überwältigend, die Show ein Trash-Vergnügen: Ein bisschen so, als wenn man in München ins Hofbräuhaus ginge.

9 Gar
(A 7), Mustafa Kemal Paşa Caddesi 3, 34490 (Yenikapı)
Tel. (02 12) 588 40 45
Fax 530 20 41
garmusichall@superonline.com
Eintritt inkl. Menü 50 $ (57 €)
Die Show beginnt tgl. um 21 Uhr und dauert bis Mitternacht
Touristisches Etablissement mit traditionellen Bauchtanzveranstaltungen. Sehr gute Stimmung und einfaches, frisches Essen.

10 Kervansaray
(E/F 1), Cumhuriyet Caddesi 30 80200 (Taksim-Elmadağ)
Tel. (02 12) 247 16 30
Fax 251 58 88
Eintritt inkl. Menü 75 $ (85 €)
tgl. Show 21-24 Uhr
In diesem Haus treten Stars der türkischen Bauchtanzszene wie Asena auf. Getränke ohne Beschränkung.

11 Mimi
(D 11), Boğaziçi, 1. Cadde 68 80820 (Arnavutköy)
Tel./Fax (02 12) 265 09 49
tgl. 21-2 Uhr
Eintritt inkl. Menü 30 $ (34 €)
Angenehmer Ort weit ab vom touristischen Parcours. Die Qualität des Essens schlägt so manches Restaurant. Griechische und türkische Musik. Bauchtanz am Wochenende und manchmal auch unter der Woche.

Discos, Jazz

12 Andon
(E 2), Sıraselviler Caddesi 89 80090 (Taksim)
Tel. (02 12) 251 02 22
www.andon.com.tr
tgl. 12-4 Uhr M M
Das fünfstöckige Bürgerhaus ist vom Keller bis zur Dachterrasse Vergnügen pur. Während unten die Disco tobt, herrschen auf der Terrasse leisere Töne. Im Mittelstock typisch-türkische Kneipe mit Live-Musik.

13 Babylon
(D 3), Şeybender Sokak 3 Performance Centrum 80040 (Tünel-Beyoğlu)
Tel. (02 12) 292 73 68
Wechselndes Programm, Vorverkauf an der Tageskasse
Der Konzertsaal für die Off-Szene. Von türkischen über internationale Bands bis hin zu Stars der Jazz- und Pop-Szene.

14 Dulcinea
(E 2), Meşelik Sokak 20 80060 (Beyoğlu)
Tel. (02 12) 245 10 71
tgl. 12-2 Uhr
Etwas kühl gestaltete Bar mit langer Theke. Im Keller Jazz, Off-Theater oder Disco.

15 Gramofon
(D 3), Tünel Meydanı 3 80050 (Beyoğlu)
Tel. (02 12) 293 07 86, tgl. 9-2 Uhr
Was tagsüber ein schickes Café mit kleiner Snack-Bar ist, verwandelt sich abends in eine ausgelassene Jazz-Bar.

16 Godet
(E 2), Zambak Sokak 15 80080 (Beyoğlu)
Mi/Fr/Sa ab 22 Uhr
Eintritt 9 Mio. Lira (8 €)
Tanzpalast mit wechselnden internationalen DJs.

17 Hayal Kahvesi Çubuklu
(E 10), Agaçlık Mesire Yeri A Burunbahçe 81640 (Çubuklu Beykoz)
Tel. (02 16) 413 68 80/81
Mo-Fr 18-4, Sa 12-4, So 11-4 Uhr nur im Sommer, Eintritt Fr/Sa 12,5 Mio. Lira (11 €) M M
Schöne Open-Air-Diskothek direkt am Bosporus auf der asiatischen Seite – tagsüber ein Café am Wasser. Shuttle-Boot von Istinye auf der europäischen Bosporus-Seite.

18 Jazz Stop
(E 2), Büyükparmakkapı Sokak Sonu Tel Sokak 9/11 80060 (Taksim-Beyoğlu)
Mo-Sa 8-4 Uhr, Eintritt Fr/Sa 7,5-15 Mio. Lira (6,5-13 €) je nach Programm, tgl. Live-Musik
Einer der besten Jazz- und Rockkeller der Stadt, auch für Leute ab 30.

19 Kemancı
(E 2), Sıraselviler Caddesi 69/1 80060 (Taksim)
Tel. (02 12) 251 30 15, tgl. 13-4 Uhr
Live-Musik 23.30-3.30 Uhr
Eintritt 3-13 Mio. Lira (2-12 €) M
Diskotheken, Bars und Tanzflächen über mehrere Etagen. Vom klassischen Rock über türkische Nachwuchsbands bis zu Trommlergruppen.

20 Laila
(D 11), Muallim Naci Caddesi 141-142 80810 (Kuruçeşme)
Tel. (02 12) 227 17 11
tgl. 17-3 Uhr (nur im Sommer)
Eintritt ab 17 Mio. Lira (15 €)
Der größte Open-Air-Club Istanbuls auf parkähnlichem Gelände am Bosporus mit Bars, Cafés, Restaurants und einer großen Disco.

21 Neo
(E 1), Lamartin Caddesi 40 80090 (Taksim)
Tel. (02 12) 254 45 26
Di-So 21-2 Uhr
Eintritt Fr 6 Mio. Lira (5,5 €), Sa 10 Mio. Lira (9 €)
Schwulentreff von Leuten aus der Yuppie-Szene – internationale und türkische Musik.

22 Pera Pera
(D 3), Meşrutiyet Caddesi 98-100 80050 (Tepebaşı-Beyoğlu)
Tel. (02 12) 243 05 05
Mo-Sa 17-4 Uhr
Ein echtes Tanzvergnügen im traditionsreichen Luxushotel Pera Palas, vor allem für Leute über 30.

23 Spica Club
(E 1), Yedikuyular Caddesi, Duvardibi Sokak 4/6 80200 (Elmadağ-Taksim)
Tel. (02 12) 231 11 16
Fr/Sa Live-Musik 22-4 Uhr
Eintritt 34 Mio. Lira (30 €)
Der Club gehört zu den älteren unter den wechselnden Adressen rund um den Taksim-Platz. Gut besucht, aber es lohnt sich erst nach Mitternacht.

Der Taksim-Platz ist Treffpunkt der Szene-Jugend von Istanbul

7 Q Jazz-Club
(D 11), Çırağan Caddesi 84 80700 (Beşiktaş)
Tel. (02 12) 236 21 21
tgl. 22.30-4 Uhr
Eintritt bei Live-Konzerten ca. 20 Mio. Lira (18 €) M M
Der vornehmste Jazz-Club der Stadt im Keller des Çırağan Palace-Hotels. Beliebt vor allem im Sommer – dann zieht der Club auf die Terrasse um.

> Zahlreiche Bars, Diskotheken und Restaurants berechnen ihre Preise wegen der hohen Inflation der türkischen Lira-Währung grundsätzlich in US-Dollar.

Den Bosporus im Blick, in strategisch bester Lage: der Topkapı-Palast auf seiner Halbinsel

SEHENSWERT

Die Palaststadt

Vom Topkapı-Sarayı aus wurde ein Weltreich regiert, heute ist er eine einmalige Schatztruhe

Topkapı-Sarayı, das ist das Haus des Sultans, der Ort des sagenumwobenen Harems und gleichzeitig die ehemalige Regierungszentrale eines Weltreichs. Der Palast, dessen Bau bereits kurz nach der Eroberung Konstantinopels 1453 von Mehmet II. in Auftrag gegeben wurde, ist kein monumentales Schloss, sondern ein weitläufiges Areal, auf dem Pavillons und Häuser verteilt sind. Eine Zeltstadt in Stein, die die Vergangenheit der Osmanen als Nomaden widerspiegelt.

Der Palast ist in vier Höfe gegliedert, von denen vor allem der zweite und dritte für Besucher interessant sind. Hier finden sich die Schätze der Sultane mit dem berühmten Topkapı-Dolch, der geschmückt ist mit Smaragden und Diamanten, ein Barthaar des Propheten und in der ehemaligen Palastküche eine reiche Sammlung chinesischen Porzellans. Der Harem liegt hinter dem „Turm der Gerechtigkeit“ und kann nur in einer gesonderten Führung besichtigt werden. Die Pracht einzelner Gemächer ist beeindruckend, doch jedem Besucher in dem verschachtelten Komplex wird auch deutlich, welch klaustrophobische Enge für die mehreren hundert Frauen des Sultans in dem Goldenen Käfig geherrscht haben muss.

Die Anmut der Anlage erschließt sich vor allem im vierten Hof, der Privatsphäre der Sultane. In einer Gartenanlage an der Spitze der Halbinsel sind einzelne Pavillons verteilt, alle mit einem fantastischen Blick auf den Bosporus und das Marmarameer. Hier können die Besucher in einem schönem Café bei einem Tee den spektakulärem Blick genießen. Um den Palast zu erkunden, sollte man sich mindestens einen Nachmittag Zeit nehmen.

❶ (E 6), Bâb-ı Hümayun Caddesi, 34400 (Sultanahmet)
Tel. (0212) 5120480, www.ee.bilkent.edu.tr/~history/topkapi.html
Mi-Mo 9-17 (im Sommer -19), an Feiertagen 12-17, Harem 10-16 Uhr (mit gesonderter Führung), Eintritt 15 Mio. Lira (13 €), Schatzkammer 7 Mio. Lira (6 €)

Der Topkapı ist ein Areal aus Palästen, Pavillons und Innenhöfen

Sehenswürdigkeiten

2 Beylerbeyi Palast

(D 11), Çayirbaşı Caddesi
80210 (Beylerbey-Üsküdar)
Tel. (02 16) 321 93 20
Di, Mi, Fr-So 9-17 Uhr
Eintritt 2,50 Mio. Lira (2 €)
Das frühere Gästehaus des Sultans am Bosporus hat eine wunderschöne Terrasse und einen großen Garten.

3 Chora-Kirche

(C 11), Kariye Camii Sokak
34240 (Edirnekapı)
Tel. (02 12) 631 92 41
www.kultur.gov.tr/portal/default_de.asp?belgeno=173
Do-Di 9.30-17 Uhr
Eintritt 6 Mio. Lira (5 €)
Die ehemalige byzantinische Kirche ist heute ein Museum mit einem großen Schatz an sakraler Mosaikkunst aus Konstantinopel. Die in den fünfziger Jahren des vergangenen Jahrhunderts freigelegten und restaurierten Mosaiken zeigen den Lebensweg Jesu und andere christliche Motive vom Beginn des 14. Jahrhunderts. In der Umgebung hübsch restaurierte osmanische Häuser.

4 Çiçek Pasajı

(D 2), İstiklal Caddesi
80060 (Beyoğlu)
Die Passage ist Schmuckstück von Beyoğlu. Früher gab es Exklusives von französischen Seidenblumen bis zu Waren aus Japan. Jetzt sind hier viele Restaurants.

5 Derwischkloster (Mevlevihane)

(D 3), Galipdede Caddesi 15
80050 (Tünel-Beyoğlu)
Tel. (02 12) 245 41 41
www.kultur.gov.tr/portal/default_de.asp?belgeno=170
Mi-Mo 9.30-16.30 Uhr
Eintritt 1 Mio. Lira (0,80 €)
Vorführung 10 Mio. Lira (8 €)
Hinter einem unauffälligen Tor am oberen Ende der Straße. Die so genannten „Tanzenden Derwische" gehören zum Mevlevi-Orden, einer von dem berühmten Mystiker Celâleddin Rumi im 13. Jahrhundert gegründeten islamischen Gemeinschaft. Im Haus sind Gewänder und Instrumente der Derwische ausgestellt. An jedem Sonntagnachmittag öffentliche Tanzvorführung.

6 Dolmabahçe

(G 1), Dolmabahçe Caddesi
80680 (Beşiktaş)
Tel. (02 12) 258 55 44
www.tbmm.gov.tr/saraylar/Dbahce1.htm
Apr.-Sept. Di, Mi, Fr-So 9-16
Okt.-März Di, Mi, Fr-So 9-15 Uhr
Nur mit Führung
Eintritt 6 Mio. Lira (5 €)
Das Mitte des 19. Jahrhunderts im Auftrag von Sultan Abdülmecit erbaute Schloss ist eine Mischung europäischer Baustile. Es diente vier Sultanen als Residenz und symbolisierte die Annäherung des Osmanischen Reiches an Europa. Von Dolmabahçe aus ging der letzte Sultan Mahmut VI. 1922 ins Exil, 1938 starb hier Mustafa Kemal Atatürk.

7 Galataturm

(D 4), Hendek Caddesi
81020 (Beyoğlu)
Tel. (02 12) 293 81 83
www.galatatower.net
tgl. 9-24 Uhr
Eintritt 5 Mio. Lira (4 €)
Der von den Genuesen zu Byzanz-Zeiten gebaute Turm

Entspanntes Wochenend-Vergnügen: Spieler in Ortaköy

gehörte zur Verteidigungsanlage des Lateinerviertels. Der Freigang um die Spitze ist einer der schönsten Aussichtspunkte über die Altstadt.

8 Hauptpost

(D 6), Pehlevi Caddesi
34102 (Sirkeci), tgl. 9-19 Uhr
Einer der imposantesten osmanischen Jugendstilbauten.

9 Leanderturm

(D 11), auf der Insel unmittelbar vor dem Üsküdar-Ufer, Überfahrt von Üsküdar und Ortaköy, 81160 (Salaçak)
Tel. (02 16) 342 47 47
www.kizkulesi.com.tr
Ursprünglich als Zollstation gebaut, ist der Mädchenturm (Kız Kulesi), wie er im Türkischen heißt, heute eines der Wahrzeichen der Stadt mit Restaurant und Café. Beide Namen gehen auf eine tragische Legende zuruck: Leander ertrinkt in den Fluten, während er zu Helo schwimmt, und die Prinzessin stirbt am Gift einer Schlange.

10 Münze (Darphane-i Amire)

(E 6), Im ersten Hof des Topkapı
34400 (Sultanahmet)
Tel. (02 12) 513 20 35
www.tarihvakfi.org.tr/darphane/default.asp
Geöffnet bei Ausstellungen (meist im Sommer), Eintritt frei
Die alte Münze, in der die Osmanen ihr Silbergeld prägen ließen, ist heute eine Mischung zwischen Technikmuseum und Ausstellungsgelände mit einem wunderbaren Café im Hof.

11 Ortaköy

(D 11), Ortaköy Meydanı
80840 (Beşiktaş)
Die Teegärten in Ortaköy gehören zu den charmantesten Plätzen, um am Bosporus einen *cay*, einen starken türkischen Tee, zu trinken. Am Wochenende findet ein Kleinkunstmarkt statt. Gelegentlich auch Popkonzerte.

12 Prinzeninseln

(D/E 12/13), Die Fähre zu den Prinzeninseln legt in Eminönü,

Besuchen Sie die Stadt, wo man den Wein jetzt feste feiert.

Das berühmte Freiburger Weinfest vom 4.–9. Juli.
1 Ü/F + Begrüßungssekt + Weinprobe mit Winzervesper + Weinpräsent ab € 79,-/Pers.

www.freiburg.de
Infoline: 07 61-8 85 81 45

www.tourismus-baden-wuerttemberg.de

Besuchen Sie die Stadt, wo die Sonne auch bei Nacht lacht.

Entdecken Sie die Strahlenstadt im Juli/August zum Sunshinetarif.
1-3 Ü/F im 3 oder 4-Sterne Hotel + viele Extras ab € 32,-/Pers.

www.karlsruhe.de/tourismus
Infoline: 07 21-37 20-53 78

www.tourismus-baden-wuerttemberg.de

Valens-Aquädukt: Letztes Stück einer 200 Kilometer langen, zum Teil unterirdischen Wasserleitung

von der Brücke aus gesehen, am letzten Anleger mit Namen „Adalar“ ab. In den Sommermonaten alle 2 Stunden.
Tel. (02 12) 244 42 33
Fahrpreis 1,75 Mio. Lira (1,50 €)
Ein Tagesausflug zu den Prinzeninseln gehört zu jedem Istanbul-Besuch. Vor allem auf Büyükada kann man einen schönen Spaziergang entlang der Sommervillen aus dem 19. Jahrhundert machen. Auf den Inseln gibt es mehrere Klöster – das größte ist Aya Yorgi auf Büyükada. Griechisch-orthodoxe Theologische Hochschule auf Heybeli (▶ siehe auch S. 100).

⑬ Rumeli Hisarı

(D/E 10), Unmittelbar vor der Fatih-Sultan-Mehmet-Brücke (der zweiten Bosporusbrücke) am Bosporusufer
80830 (Rumeli Hisari)
In der unmittelbar vor der Eroberung Konstantinopels (1453) gebauten Festung, einem beliebten Ziel für Familienausflüge, finden im Sommer Festspiele statt. Von hier aus sperrten die Osmanen den Bosporus für byzantinische Schiffe.

⑭ Sirkeci Garı

(D 6), Ankara Caddesi
34420 (Eminönü)
Tel. (02 12) 527 00 50
Der vom deutschen Architekten A. Jasmund gebaute Kopfbahnhof war die Endstation des Orient-Express und wurde extra für diesen Luxuszug gebaut. Der restaurierte Bahnhof dient heute für den Zugverkehr Richtung Westen.

⑮ Theodosianische Landmauer

(C 11), von Yedikule, 34310 (Zeytinburnu), über 6 Kilometer bis zum Goldenen Horn
Diese im 4. Jahrhundert n. Chr. erbaute gigantische Stadtmauer hielt über Jahrhunderte allen Belagerungen stand und ist bis heute in ihrer Grundstruktur erhalten. Von Edirnekapı Richtung Goldenes Horn kann man noch die Außenmauern des byzantinischen Tekfur-Palastes und Reste des Blachernen-Palastes sehen, der letzter Wohnsitz der byzantinischen Kaiser war.

⑯ Valens-Aquädukt

(A 5/6), Atatürk Bulvarı
34230 (Aksaray)
Dieser gut 600 Meter lange Aquädukt ist der letzte erhaltene Teil der Wasserversorgung, die Kaiser Valens (364-378) bauen ließ.

⑰ Yerebatan Sarayı

(D 7), Yerebatan Caddesi 13
34400 (Sultanahmet)
Tel. (02 12) 522 12 59
tgl. 9-16.30 Uhr
Eintritt 8 Mio. Lira (7 €)
Das „Versunkene Schloss“ ist die größte und einzige öffentlich zugängliche Zisterne aus byzantinischer Zeit. Wie in einer riesigen Grotte die Stalaktiten, ragen hier insgesamt 336 Säulen in die Höhe und stützen die Decke dieses antiken Wasserspeichers ab. Im Wasser schwimmen dicke Karpfen.

⑱ Yıldız-Park

(D 11), Eingang Çırağan Caddesi, gegenüber dem Kempinski-Hotel, 80700 (Beşiktaş)
www.kultur.gov.tr/portal/default_de.asp?belgeno=179
Der größte und schönste Park Istanbuls war früher den Sultanen vorbehalten. In den stilgerecht restaurierten Pavillons können Besucher Tee trinken und die Großtanker durch den Bosporus ziehen sehen.

Museen

⑲ Archäologisches Museum

(E 6), Im ersten Hof des Topkapı-Palastes
34400 (Sultanahmet)
Tel. (02 12) 520 77 40
www.kultur.gov.tr/portal/arkeoloji_de.asp?belgeno=3059
Di-So 9.30-17 Uhr
Eintritt 6 Mio. Lira (5 €)
Museumskomplex, zu dem neben dem Hauptgebäude noch der Fayencenpavillon (Çinili Köşk) und das Museum für Altorientalische Kunst gehören. Prunkstücke sind der so genannte Alexandersarkophag aus dem Jahr 4. Jahrhundert v. Chr. (nicht der Sarkophag Alexander des Großen) und das älteste Friedensabkommen der Welt, der Vertrag von Kadesch, der 1269 v. Chr. zwischen Hethitern und Ägyptern geschlossen wurde. Interessante Abteilung zur Frühgeschichte Istanbuls und der byzantinischen Periode der Stadt. Besonders romantisch das Café im Garten.

⑳ Meeresmuseum (Deniz Müzesi)

(G 1), İskele Caddesi
80700 (Beşiktaş)
Tel. (02 12) 261 01 30
abone.superonline.com/

Schattenspiel zweier Schelme

Das ursprünglich aus Südostasien stammende Schattenspiel kam über Ägypten ins Osmanische Reich und wurde ab dem 16. Jahrhundert als volkstümliches Theater populär. Die Hauptfiguren, der Schelm Karagöz (Schwarzauge) und sein Gegenspieler Hacivat stammen der Legende nach aus Bursa. Sie sollen beim Bau der Orhan-Gazi-Moschee die anderen Arbeiter durch andauernde Possen von der Arbeit abgehalten haben und deshalb hingerichtet worden sein. Angeblich bereute der Sultan seine Entscheidung und machte quasi als tätige Reue Karagöz und Hacivat zu Hauptdarstellern des beliebten Schattenspiels. Man kann die 30 bis 40 Zentimeter hohen Figuren des Karagöz-Schattenspiels zwar überall als Souvenir auf dem Basar kaufen, doch eine regelmäßige Spielstätte für das traditionelle Volkstheater existiert nicht mehr.

~navalmuseumturk/
Mi-So 9-12.30, 13.30-17 Uhr
Eintritt 1 Mio. Lira (0,90 €)
Exponate aus der Geschichte der osmanischen Seefahrt. Interessante alte Seekarten und nautische Instrumente. In einem Anbau eine große Anzahl originaler Sultansbarken.

21 Mosaikenmuseum
(D 7/8), Arasta Çarşısı
Kabasakal Caddesi
34400 (Sultanahmet)
Tel. (02 12) 518 12 05
www.kultur.gov.tr/portal/default_de.asp?belgeno=169
Di-So 9.15-17 Uhr
Eintritt 3 Mio. Lira (2,50 €)
Das restaurierte Ausstellungsgelände im Bereich der Ausgrabungen des alten Kaiserpalastes zeigt vor allem byzantinische Fußbodenmosaiken mit Jagd- und Hirtenszenen. Auf Schautafeln wird die Lage und Ausdehnung des byzantinischen Kaiserpalastes erläutert, von dem im Original praktisch nichts mehr zu sehen ist.

22 Museum für Kalligraphie
(Türk Vakıf Hat Sanatları Müzesi)
(B 7), Beyazıt Meydanı
34490 (Beyazıt)
Tel. (02 12) 527 58 51
Di-Sa 9-16 Uhr
Eintritt 2 Mio. Lira (2 €)
In der Medrese, der früheren Theologischen Akademie der Beyazıt-Moschee, zeigt die Stiftung für Türkische Kalligraphie ausgesuchte Stücke aus ihrer Sammlung, darunter Sultanssiegel und Werke weiblicher Kalligraphen.

23 Sadberk-Hanım-Museum
(D 9), Piyasa Caddesi 25-29
80890 (Büyükdere-Sarıyer)
Tel. (02 12) 242 38 13
www.sadberkhanimmuzesi.org.tr
Do-Di 10.30-18 Uhr
(Okt.-März 10-17 Uhr)
Eintritt 3 Mio. Lira (2,50 €)
Ältestes Privatmuseum des Landes in der Sommerresidenz einer der reichsten türkischen Industriellenfamilien, der Koç-Dynastie. Allein das Haus, in dem die Sammlung untergebracht ist, lohnt schon die weite Fahrt vom Zentrum.

24 Museum für Türkische und Islamische Werke
(Türk ve İslam Eserleri Müzesi)
(D 7), At Meydanı
34400 (Sultanahmet)
Tel. (02 12) 518 18 05
www.kultur.gov.tr/portal/default_de.asp?belgeno=174
Di-So 9.30-17.30 Uhr
Eintritt 3 Mio. Lira (2,50 €)
Jeder Raum dieses alten osmanischen Palastes, der für Ibrahim Pascha, den Großwesir von Süleyman dem Prächtigen, im 16. Jahrhundert gebaut wurde, zeigt eine Region oder Epoche der islamischen Welt. Berühmt ist die Teppichsammlung aus seldschukischer Zeit. 40 000 Exponate von der Frühgeschichte des Islam bis in die Neuzeit.

Kinos

Aktuelles Programm der Istanbuler Kinos auf Englisch unter www.iyabanci.com/site/guide/CINEMA/CINEMA.htm

25 Beyoğlu-Kinos
(D 3-E 2), İstiklal Caddesi
80050 (Beyoğlu)
Vorstellungen 15-22.30 Uhr
Entlang der Fußgängerzone durch Beyoğlu, reiht sich ein Kino ans nächste. Das Programm reicht vom neuesten Hollywood-Film bis zu türkischen Filmen und Off-Produktionen. Das Atlas (Atlas-Pasaji 209, Tel. 252 85 76) zeigt auch anspruchsvolle Autorenfilme. In allen Kinos grundsätzlich Originalversionen mit türkischen Untertiteln.

TÜRKEI

Zwei Kontinente – eine Meinung:

Istanbul

Da gibt's keine zwei Meinungen! Als größter deutscher Türkeireiseveranstalter haben wir selbstverständlich auch für Städtereisen nach Istanbul das umfangreichste Programm: Ob Kultur, Shopping oder Nightlife – mit uns wird der Besuch dieser faszinierenden Metropole für Sie zum unvergesslichen Reiseerlebnis.
Fragen Sie in Ihrem Reisebüro auch nach unserem Kurzflug-Sonderprogramm „Istanbul" oder rufen Sie uns an! Tel.: 0180-5 35 10 35

ÖGER TOURS
Mehr Urlaub

Sportallee 4 • 22335 Hamburg • Tel. 0180-5 35 10 35 (€ 0,12/Min.) • oeger.de

In nur sieben Jahren, von 1609-1616, erbaut: die Blaue Moschee mit ihren sechs Minaretten

Metropole der Moscheen

In Istanbul gibt es fast 2400 Moscheen, vom schlichten Betsaal bis zur gewaltigen Süleymaniye Moschee. Die folgenden drei Moscheen gehören in jedes Besuchsprogramm.

26 Sultan Ahmet Cami (Blaue Moschee)
(D 7), Sultanahmet Meydanı, 34400 (Sultanahmet)
Die berühmteste Moschee Istanbuls beeindruckt durch ihre blauen Fliesen, die bunten Fenster, ihre grandiosen Kuppeln und die Lüster, die an langen Ketten über den Gläubigen schweben. Die einzige Istanbuler Moschee mit sechs Minaretten.

27 Hagia Sophia
(D/E 7), Aya Sofya Meydanı, 34400 (Sultanahmet), Tel. (02 12) 522 17 50, www.kultur.gov.tr/portal/default_de.asp?belgeno=167
Di-So 9-17, Galerie 9-16 Uhr, Eintritt 15 Mio. Lira (13 €)
Die ehemals größte Kirche der Christenheit, die in osmanischer Zeit Hauptmoschee wurde und seit 1935 Museum ist, thront unübersehbar über dem historischen Viertel. Das im 6. Jahrhundert im Auftrag Kaiser Justinians erbaute Gotteshaus beeindruckt vor allem durch die Kuppel in über 50 Meter Höhe – zum Zeitpunkt des Baus eine einmalige Ingenieursleistung. Vor allem auf der Galerie sind noch einige schöne Mosaiken zu sehen.

28 Süleymaniye Cami
(B 5/6), Süleymaniye Cadessi, 34470 (Eminönü)
Obwohl unter Besuchern weniger bekannt, ist die Süleymaniye dennoch die eigentliche Hauptmoschee Istanbuls. Erbaut durch den berühmtesten Architekten der 600-jährigen osmanischen Herrschaft, Mimar Sinan, für den berühmtesten Sultan, Süleyman den Prächtigen, ist diese Moschee die Vollendung der Idee von gebauter Harmonie. Rund um die Moschee gibt es ehemalige Medresen (Koranschulen), Armenküchen und ein Hospital.

Christliche Kirche, Moschee, Museum: die Hagia Sophia

29 Movieplex
(D 11), Mim Plaza Hacı Mansur Sokak, 80220 (Nişantaşı)
Tel. (02 12) 219 09 60
Vorstellungen ab 17-22 Uhr
Multiplex-Kino. Aktuelles, internationales Programm.

30 Süreyya
(D 12), Bahariye Caddesi 29 81310 (Kadıköy)
Tel. (02 16) 336 06 82
Schöner alter Kinosaal mit Logen, Galerie und Emporen. Zeigt eine Mischung aus türkischen Produktionen und internationalen Neuerscheinungen.

Musik

31 Aksanat Kulturzentrum
(E 2), Akbank Gebäude İstiklal Caddesi 16 80080 (Beyoğlu)
Tel. (02 12) 252 35 00
www.akbank.com.tr
Neben Live-Auftritten von Musikern werden regelmäßig Opern- und Ballettvorführungen von einer Laserdisc auf eine große Leinwand projiziert.

32 Atatürk Kulturzentrum (Atatürk Kültür Merkezi, AKM)
(F 2), Taksim Meydanı 80090 (Taksim)
Tel. (02 12) 251 56 00
Haus des Staatlichen Türkischen Symphonieorchesters, der Staatsoper und des Ballettensembles. Klassik-Konzerte und Opern.

33 Cemal Reşit Rey Konzerthalle
(F 1), Darülbedâyi Caddesi 80200 (Harbiye)
Tel. (02 12) 234 40 63
www.istanbulguide.com
Größte und modernste Konzerthalle für klassische Konzerte internationaler Orchester, Vorführungen traditioneller Tanzgruppen oder Jazz-Konzerte.

34 Mydonose Showland
(C 12), Dünya Ticaret Merkezi Yanı, 34800 (Yeşilköy)
Tel. (02 12) 335 93 35
www.mydonose.com.tr
Showcenter in der Nähe des Flughafens für Konzerte, Musicals, Artistik und Partys. Die erfolgreichste Show der letzten Jahre ist das Musical „Sultans of the Dance“, eine Synthese aus türkischem Tanz und modernem Ballett.

Nach der siegreichen Rückkehr aus Ungarn vom Sultan 1550 in Auftrag gegeben: die Süleymaniye-Moschee

Theater

32 Istanbuler Staatstheater
(F 2), Atatürk Kültür Merkezi (AKM), 80090 (Taksim)
Tel. (02 12) 245 25 90
Wechselnde Theatergruppen mit klassischem Repertoire.

35 Tiyatro Pera Sahnesi
(E 2), Sıraselviler Caddesi 70 80060 (Taksim)
Tel. (02 12) 245 44 60
Privates Theater, in dem auch Kindervorführungen stattfinden.

17 Yerebatan Sarayı
(D 7), Yerebatan Caddesi 13, gegenüber der Hagia Sophia 34410 (Sultanahmet)
Im August finden fast jeden Nachmittag um 15 Uhr Konzerte klassischer türkischer Musik auf einer Bühne zwischen den Säulen der „Versunkenen Stadt“ statt.

Ausflüge

36 Belgrader Wald
(D/E 9/10), 20 km nördlich der Stadt. Von Tarabya am Bosporus nördlich Richtung Kilyos.
Das Waldgebiet am Schwarzen Meer auf der europäischen Seite des Bosporus ist ein beliebtes Ausflugsziel und Treffpunkt für ausgedehnte Picknicks. Vom Haupteingang des Parks führt ein Weg zu dem Dorf Bahçeköy – dem richtigen Ort für eine Kaffeepause. Bahçeköy ist Ausgangspunkt mehrerer Wanderwege. Einer der schönsten führt zur Hauptattraktion des Belgrat Ormanı, dem „Großen Reservoir“ Büyük Bent. An der Stelle der 1839 gebauten Staumauer existierte bereits zu byzantinischen Zeiten ein Staudamm. Der Belgrader Wald ist seit mehr als 2000 Jahren das wichtigste Wasserreservoir Istanbuls. Von hier aus ließen bereits die römischen Kaiser über Viadukte Wasser in die Zisternen der Stadt bringen.

37 Bursa
(F 13), ca. 100 km südlich von Istanbul. Da man das Marmarameer mit einer Autofähre überqueren muss, dauert die Fahrt knapp 3 Stunden.
Die alte Hauptstadt der Osmanen am Fuß des Uludağ-Berges ist vor allem für ihre heißen Quellen und Bäder berühmt. Das moderne Bursa ist außerdem das Zentrum der türkischen Autoproduktion und eine wichtige Handelsmetropole. Sehenswert sind neben den Bädern, die man am besten in einem der schönen Hotels wie dem Kervansaray Termal genießt, der Basar und die Gräber und Moscheen der ersten osmanischen Herrscher. Besonders interessant: die Grüne Moschee – so genannt wegen ihrer grünen Wandverkleidung – und das Grüne Grab Sultans Mehmets I. Auf dem Basar ist vor allem der Koza Han sehenswert: In einem großen arkadengesäumten Innenhof dreht sich alles um Seide. Bursa war früher ein Zentrum der Seidenraupenzucht. Noch heute werden dort im Juni Seidenkokons verkauft.

38 Polonezköy
(F 10), 25 km von Istanbul. Ab der ersten Autobahnausfahrt hinter der zweiten Bosporusbrücke (Fatih Mehmet Sultan Köprüsü) ist Polonezköy ausgeschildert.
Im ehemaligen Adampol östlich von Beykoz auf der asiatischen Seite des Bosporus leben die Nachfahren polnischer Emigranten. Das schön gelegene Dorf mit seinen Äckern und Buchenwäldern ist einer der wenigen Plätze in der Umgebung Istanbuls, wo man hervorragende Schweineschnitzel essen an – die christlichen Polen, die sich hier Mitte des 19. Jahrhunderts ansiedelten, betrifft das muslimische Abstinenzgebot nicht. In den vielen Gartenlokalen gibt es aber auch alle anderen denkbaren Köstlichkeiten vom Grill. Nach einem Spaziergang durch die Wälder der Umgebung kann man in Polonezköy dem beliebtesten Istanbuler Freizeitspaß frönen: selbst grillen.

MERIAN-Tipp

Open Air-Konzerte

Eine Freilichtbühne unweit des Taksim-Platzes ist der Klassiker unter den Veranstaltungsorten für Konzerte im Sommer. Von Jazz-Sessions über Auftritte internationaler Rock- und Pop-Größen bis zu legendären gemeinsamen Konzerten von Mikis Theodorakis und Zülfü Livaneli.

33 Cemil Topuzlu Açık Hava Tiyatrosu
(F 1), Taşkışla Caddesi 80230 Harbiye
Vorverkauf u.a. im Atatürk Kültür Merkezi Taksim Meydanı 80090 (Taksim)
Tel. (02 12) 240 22 44
www.ibst.gov.tr
abilge@nevarneyok.com
Rechtzeitig Eintrittskarten besorgen.

Besuchen Sie die Stadt, wo Entertainment zur Kultur wird.

Sündigen mit Niveau. 2 Ü/F + 2 Menüs in einem Gourmetrestaurant (Gault-Millau) ab € 155,-/Pers.

www.baden-baden.com

Infoline: 0 72 21-27 52 21

TM BW

www.tourismus-baden-wuerttemberg.de

Die Stadt, wo Frauen schwach werden.

Lüften Sie das Geheimnis der Goldschmiedekunst. 1 Woche Hobby-Schmuckkurs in Pforzheim ab € 310,-/Pers.

www.pforzheim.de

Infoline: 0 72 31-1 45 45 60

TM BW

www.tourismus-baden-wuerttemberg.de

Schwitzkur und Massage auf dem Göbektaş, der großen Marmorplatte im Çemberlitaş Hamam

AKTIV

Gelöste Spannung

Eine Massage im Hamam ist ein erholsames Ritual mit langer Tradition

Mustafa Bey sieht aus, als stamme er aus einer Familie, deren Männer bereits seit Generationen als Ringer erfolgreich sind. Fast so breit wie hoch, mit kräftigen Oberarmen und einem großen Schnäuzer. Wenn Mustafa anfängt zu kneten, löst sich bei seinen Kunden jede Verspannung. Die Massage auf einer großen Marmorplatte gehört zum Ritual eines Hamam-Besuchs.

Das Türkische Bad ist in drei Bereiche unterteilt: den Empfangs- und Umkleideraum, in dem nach dem Bad Tee gereicht wird, das eigentliche Dampfbad, wo geschwitzt und geschrubbt wird, und den Warmraum mit kühl plätscherndem Wasser für Erfrischungsgüsse nach der Dampfbadprozedur. Entspannender Abschluss eines Hamam-Besuchs ist die Massage mit einer wohligen Ruhephase.

Der Aufenthalt im Hamam ist zeitlich nicht beschränkt, ein Durchgang dauert etwa zwei Stunden (s. auch S. 88). Von den vielen Hamams in Istanbul sind neben den Bädern in den großen Hotels vor allem drei traditionelle Hamams auf den Besuch ausländischer Gäste, Männer wie Frauen, eingerichtet:

1 Cağaloğlu Hamamı (D 6), Kazım Ismail Gürkan Caddesi 34, 34410 (Cağaloglu), Tel. (0212) 522 24 24, tgl. 7-21.30 Uhr, Eintritt 12 Mio. Lira (11 €), mit Komplettservice 24 Mio. Lira (22 €)
Das Bad nahe der Hagia Sophia gehört zu den ältesten und schönsten in Istanbul. Es bietet einen hervorragenden Service, persönliche Betreuung muss man aber nicht in Anspruch nehmen. Gemischte Gruppen sind willkommen.

2 Çemberlitaş Hamamı (C 7), Vezirhan Caddesi 8, 34440 (Çemberlitaş), Tel. (0212) 522 79 74, tgl. 7-24 Uhr, Eintritt 11 Mio. Lira (10 €), mit Komplettservice 22 Mio. Lira (20 €)
Das ebenfalls sehr alte und und traditionsreiche Bad in der Nähe der Konstantinssäule ist etwas preiswerter, aber mit allen Service-Einrichtungen ebenfalls gut ausgestattet.

3 Galatasaray Hamamı (D 2), Turnacı Başı Sokağı, 80060 (Beyoğlu), Tel. (0212) 249 43 42, tgl. 7-22 Uhr, Eintritt 22 Mio. Lira (20 €), Komplettservice 28 Mio. Lira (25 €)
Dieses historische Bad im Stadtteil Beyoğlu liegt in einer kleinen Straße, die neben dem Galatasaray-Gymnasium von der İstiklal Caddesi abzweigt. Es ist wie die anderen beiden Bäder komplett eingerichtet und hat eine separate, nur durch einen eigenen Eingang zugängliche Frauenabteilung.

Für Kinder

4 Boğaziçi Zoo
(F 13), Özel Darıca Kuş Cenneti, Tuzla Caddesi 15
41700 Bayramoğlu-Gebze
Tel. (02 62) 653 57 43 u. 653 35 95
tgl. 8-18 Uhr
Eintritt ca. 6 Mio. Lira (5 €)
40 km außerhalb, über die Autobahn E 5 Richtung İzmit
Der Zoo kann sich zwar nicht mit so großen Tiergärten wie in Berlin oder Frankfurt vergleichen, Kinder haben auf jeden Fall ihr Vergnügen. Es gibt einen Spielpark, wo Ponys auf kleine Reiter warten.

5 Rahmi Koç Technikmuseum
(A 2), Hasköy Caddesi 27
80320 (Hasköy-Beyoğlu)
Tel. (02 12) 256 71 53
Fax 297 66 35
Di-Fr 10-17, Sa/So 10-19 Uhr
Eintritt 3 Mio. Lira (3 €)
Auf einem Gelände am Goldenen Horn sind originale Eisenbahnen, alte Autos, Schiffe und andere technische Wunderwerke in Hallen und im Freien aufgebaut, die Kinder auch anfassen oder in Gang setzen dürfen.

6 Tatilya
(A 11), 25 km außerhalb in Beylikdüzü an der Autobahn E 5 Richtung Edirne
Tel. (02 12) 852 05 05
www.tatilya.com/turkce/
Eintritt 17 Mio. Lira (15 €)
Eine Disneyland-Kopie mit einigen regionalen Spezialitäten. Vom Zentrum aus fahren Sonderbusse nach Tatilya.

Fitness und Sport

7 Marmara Gym
(E 2), Tak-ı Zafer Cad.
80090 (Taksim Meydanı)
Tel. (02 12) 251 46 96/374
tgl. 7-22 Uhr
Outdoor Pool tgl. 7-19 Uhr
www.themarmaraistanbul.com
info@themarmaraistanbul.com
Eintritt Fitness 40 Mio. Lira (35 €), Solarium 15 Mio. Lira (13 €), Massage 40 Mio. Lira (35 €)
Das große, gut ausgestattete Fitness-Center am Taksim-Platz gehört zum Etap Marmara Hotel. Swimmingpool, Sauna und Türkisches Bad.

7 Vakkorama Gym
(E 2), Osmanlı Sokak 13
80090 (Taksim)
Tel. (02 12) 251 15 71
www.vakkorama.com.tr
info@vakkorama.com.tr
Fitness- und Gymnastik-Center im Zentrum Istanbuls.

8 Enka Spor Tesisleri
(D 10), Sadi Gülçelik Spor Sitesi
80860 (İstinye)
Tel. (02 12) 276 50 84
Privater Sportklub außerhalb der Stadt mit Tennisplätzen, Basketball- und Volleyballfeldern und mehreren Swimmingpools.

9 Kemer Country Riding and Golf Club
(C 10), Uzun Kemer Mevkii
Göktürk Belgesi
34993 (Kemerburgaz-Eyüp)
Tel. (02 12) 239 77 70
Golf Tel. (02 12) 239 77 70
Fax 239 77 76
www.kemercountry.com
kemer@kemercountry.com
18 Loch, Par 73, 6156 m
Greenfee werktags 81 Mio. Lira (72 €), Wochenende 108 Mio. Lira (96 €)
Country Club am Rande des Belgrader Waldes mit großem Reitstall und ausgezeichnetem Golfplatz.

10 Klassis Golf & Country Club
(A 11), Altıntepe Mevkii
Seymen Köyü
34930 (Silivri)
Tel. (02 12) 748 46 00
Fax 748 46 43
www.klassis.com.tr
info@klassis.com.tr
9 und 18 Loch, Par 72, 5850 m
Greenfee werktags 40,5 Mio. Lira (36 €), Wochenende 80,5 Mio. Lira (72 €). Cart-Pflicht
Internationaler Turnierplatz. Der Club an einem See im Wald hat zudem Angebote für Reiter, Mountainbiker, Tennis- und Volleyballspieler. Der Club unterhält auch die Klassis & Thalgo Health Farm und ein Golf-Hotel. Spezialpreise für Langzeiturlauber.

11 Segelmarina Ataköy
(C 12) Sahil Yolu
34710 (Ataköy)
Tel. (02 12) 560 42 70
Fax 560 72 70
www.atakoymarina.com.tr
marina@atakoymarina.com.tr
Kapazität Meer: 700 Boote
Land: 100 Boote
In der großen Marina im Westen Istanbuls gibt es voll ausgerüstete Liegeplätze mit Strom- und Wasseranschluss etc. Boote können dort auch repariert werden.

12 Segelmarina Kalamış
(D 12), Münir Nurettin Selçuk Caddesi, 81030 Fenerbahçe
Tel. (02 16) 346 34 77 u. 346 14 77
Fax 346 16 56
Kapazität Meer: 540 Boote
Land: 200 Boote
Kleiner als in Ataköy, aber sehr geschützt und mit einem schönen Revier vor der Marina.

Die großen Fußball-Feste sind die Lokalderbys

Die vier Mannschaften Istanbuls spielen in der ersten Liga des türkischen Fussballs. Drei davon sind auch die populärsten Clubs der Türkei. Galatasaray Istanbul, Fenerbahçe und Beşiktaş sind Vereine, die sogar die Gemüter im fernen Erzurum oder in Berlin-Kreuzberg bewegen. Ob Alteingesessener oder jüngst Zugezogener, jeder ist Fan eines dieser Traditionsclubs. Nur Istanbul Spor, Gründung eines reichen Geschäftsmanns, stößt auf allgemeines Desinteresse. Die eigentlichen Festtage in Istanbul sind die Sonntage, an denen Lokalderbys zwischen zwei der drei Großen stattfinden. Die international erfolgreichste türkische Mannschaft ist Galatasaray. Sie hat den UEFA-Pokal gewonnen und spielt seit Jahren in der Spitze der Champions League mit.

13 Galatasaray spielt im **Ali Sami Yen-Stadion**
(D 11), Büyükdere Caddesi, Mecidiyeköy-Şişli
14 Fenerbahçe spielt im **Şükrü Saraçoğlu-Stadion**
(D 12), Recep Peker Caddesi, Kızıltoprak
15 Beşiktaş spielt im **Inönü-Stadion**
(G 1), Dolmabahçe Caddesi/Kadıgalar Caddesi, Beşiktaş

Vorverkauf: Biletex Tel. (02 16) 454 15 55, www.biletix.com

Häufig Grund zum Feiern haben die Fans von Galatasaray

Kostbare Fayencen

Mit alten osmanischen Techniken werden die legendären İznik-Keramiken neu produziert

In alter Tradition: die prächtige Keramik von İznik Vakfı

Wer bestes türkisches Kunsthandwerk sucht, ist bei İznik Vakfı richtig – einer Stiftung, die sich um die Renaissance der einst weltberühmten Keramik aus İznik bemüht. Im 15. und 16. Jahrhundert ließen die Sultane Fayencen für ihre Paläste und Moscheen ausschließlich in dem kleinasiatischen Ort bei Bursa herstellen. Auch der Felsendom in Jerusalem, eines der bedeutendsten moslemischen Gotteshäuser, ist mit İznik-Kacheln geschmückt. Wenn solche Keramiken heutzutage im Basar angeboten werden, sind sie mit größter Wahrscheinlichkeit Kopien. Originale dürfen als Antiquität nicht ausgeführt werden. Nach jahrelanger Forschungsarbeit wurden die Methoden zur Herstellung der kostbaren Fayencen wiederentdeckt. Die İznik-Stiftung verkauft Fayencen, Wandschmuck oder Schalen, die nach den Verfahren der alten Meister Stück für Stück per Hand hergestellt werden und legal ausgeführt werden können. Im Ausstellungsraum kann man unter klassischem ornamentalem Blumendekor, osmanischen Schiffen sowie Mustern wählen, die alten Höhlenbemalungen in Anatolien nachempfunden sind. Ab 100 Euro gibt es wunderbare Stücke osmanischer Handwerkskunst, jedes ein Unikat.

❶ İznik Eğitim ve Öğretim Vakfı (D 11), Öksüz Çocuk Sokak 14, 80220 (Kuruçeşme-Beşiktaş), Tel. (02 12) 287 32 43, Fax 287 32 47, tgl. 8-19 Uhr

Schatzsuche

Unterhalb des Galatasaray-Gymnasiums, an der İstiklal Caddesi, liegt das Çukurcuma-Viertel. Auf der Çukurcuma Caddesi, der Altıpatlar Sokak und der Faik Paşa Yokuşu gibt es 200 Secondhand- und Antiquitätengeschäfte.

❷ Güney Ticaret
(E 2), Turnacıbaşı Caddesi 87
Tel. (02 12) 252 58 07
Mo-Sa 7-20 Uhr
Secondhand. Viel Schrott, darunter aber einige Fundsachen.

❸ Lambacı
(E 2/3), Altıpatlar Sokak 14
Tel. (02 12) 245 18 44
tgl. ab 12 Uhr
Wunderbare Ampeln, Windlampen, antike Leuchter.

❹ Yaman Antikhan
(E 2), Faik Paşa Yokuşu 41
Tel. (02 12) 251 95 87
Mo-Sa 10.30-18 Uhr
Antiquarische Möbel auf sieben Stockwerken.

❸ Leyla Seyhanlı
(E 2/3), Altıpatlar Sokak 10
Tel. (02 12) 293 74 10, tgl. 10-19 Uhr
Fundgrube feiner Textilien, darunter Damenhut-Kollektionen original aus den Zwanzigern, Decken und Schals.

Mode

❺ Beymen
(D 10/11), Akmerkez Mall, Nispetiye Caddesi, 81600 (Etiler)
Tel. (02 12) 282 03 80
tgl. 10-22 Uhr
Bei Beymen im Akmerkez werden hohe Ansprüche befriedigt. Stoffe, Schuhe, Unterwäsche, Seidentücher und Heimtextilien, alles vom Feinsten.

❺ Silk & Cashmere
(D 10/11), Akmerkez Mall, Nispetiye Caddesi, 81600 (Etiler)
Tel. (02 12) 282 02 35
tgl. 10-22 Uhr
Seide und Kaschmir günstig.

Schmuck, Design, Glas

❻ Bishop
(D 11), Kalıpçı Sokak 152/9
80200 (Teşvikiye-Nişantaşı),
Tel. (02 12) 296 82 98
Mo-Sa 10-19 Uhr
Eigenes Design-Label für eine große Lampenkollektion und viele Ideen für die Küche.

❼ decorum
(F/G 1), Abdi İpekçi Caddesi 15
80200 (Nişantaşı)
Tel. (02 12) 230 41 47
tgl. 10-19.30 Uhr
Gläser aller Art. Junge türkische Designer verbinden Avantgardistisches und Tradition.

❽ Paşabahçe
(D 10), Büyükdere Caddesi 57
80660 (Maslak)
Tel. (02 12) 276 10 79
tgl. 10-22 Uhr
Factory Outlet des größten Glasproduzenten der Türkei. Vasen, Wein- und Wassergläser zu günstigsten Preisen, von modernem italienischem Design bis zu osmanischen Motiven.

❾ Paşakül Antik
(D 2), İstiklal Caddesi 207/40
Atlas Pasajı 40
80060 (Beyoğlu)
Tel. (02 12) 252 73 72
Mo-Sa 10.30-20,
So 13-20 Uhr
Passage mit zahlreichen Geschenk- und Schmuckläden. Repliken antiken Schmucks.

Antiquarisches

❿ Artrium
(D 3), Tünel Gecidi 7
80050 (Tünel-Beyoğlu)
Tel. (02 12) 251 43 02
Mo-Sa 10-19 Uhr
Stiche, Karten, Fayencen, Keramik, alte Rahmen.

⓫ Denizler Kitabevi
(D 3), İstiklal Caddesi 395
80050 (Beyoğlu)
Tel. (02 12) 243 31 74
turgayerol@turk.net
tgl. 10-19 Uhr
Bibliographische Raritäten aus der osmanischen und christlichen Seefahrt.

⓬ Pera Orient
(D 2), Avrupa Pasajı 17
80050 (Galatasaray-Beyoğlu)
Tel. (02 12) 251 11 77
tgl. 11-20 Uhr
Kleiner Laden in einer schönen Passage neben Schmuck- und Folkloreläden. Kurioses Angebot an alten Büchern, Filmplakaten, Schallplatten und Fotos.

⓭ Ottomania
(D 3), Sofyalı Sokak 30-32
80050 (Tünel-Beyoğlu)
Tel. (02 12) 243 21 57/243 21 58
Mo-Sa 9-19 Uhr
Größtes Geschäft mit historischen Karten und alten Stichen.

Shopping-Malls

❺ Akmerkez
(D 10/11), Nispetiye Caddesi
81600 (Etiler)
Tel. (02 12) 282 01 70, tgl. 9-24 Uhr
Größte und trendige Shopping-Mall: Boutiquen, Restaurants, Kinos unter einem Dach.

⓮ Galleria
(C 12), Sahil Yolu
34750 (Ataköy)
Tel. (02 12) 599 95 60, tgl. 9-22 Uhr
Mall mit Bekleidungsgeschäften, Kinos und Eislaufbahn.

Märkte, Basare

⑮ Ägyptischer Basar
(C 5), Mısır Çarşısı
Cami Meydanı Sokak
34420 (Eminönü), Mo-Sa 8-19 Uhr
Größter Gewürzbasar der Stadt – Feinkostladen in antiken Mauern.

⑯ Bücherbasar
(B 7), Sahaflar Çarşısı, zwischen Gr. Basar und Beyazıt-Moschee
34450 (Beyazıt), tgl. 8-20 Uhr
Fundgrube für türkische und internationale Literatur sowie religiöse Bücher. Auch Kalligraphie.

⑰ Fischmarkt
(D 2), İstiklal Caddesi, Sahne Sokak, gegenüber dem Galatasaray-Gymnasium, 80060 (Beyoğlu)
tgl. 7-23 Uhr
Neben einem großen Angebot an frischem Fisch, Obst und Gemüse auch Feinkostläden und sehr gute kleine Restaurants.

⑱ Flohmarkt
(D 11), Ortaköy Meydanı
80840 (Ortaköy)
So bis spät in die Nacht
Der schönste offene Markt für Kleinkunst und Kunsthandwerk zwischen netten Cafés und Restaurants am Bosporus.

⑲ Großer Basar
(C 6/7), Çarşıkapı Caddesi
Kapalıçarşı, 34440 (Beyazıt)
Mo-Sa 9-19 Uhr
(▶ Basar-Karte siehe S. 136)
Was heute in den USA die Shopping-Malls sind, war der Basar im alten Istanbul: Handelsplatz, Nachrichtenbörse und Erlebniswelt der Stadt (s. auch S. 68).

Die besten Adressen im Großen Basar

▶ Die Ziffern 20 bis 29 beziehen sich auf die Basar-Karte auf S. 136

⑳ Amber
Kalpakçılar Başı Caddesi 64
Kapalıçarşı, 34440 (Beyazıt)
Tel. (02 12) 519 20 76
Alter Silberschmuck.

㉑ Atilla Özbey
Keseciler Caddesi 55/57 u. 66
Kapalıçarşı, 34440 (Beyazıt)
Tel. (02 12) 527 12 21
Teppiche, Kelims, Sitzkissen.

㉒ Balyan
Çakmakçılar Yokuşu, Yeprem Söğüt, Büyük Yeni Han, Tür 53
81200 (Eminönü)
Tel. (02 12) 520 51 06
Teekannen, Leuchter, Schalen, Becher, poliertes 925er-Silber.

㉓ Cafe Fês
Halıcılar Caddesi 62,
Kapalıçarşı, 34440 (Beyazıt)
Tel. (02 12) 527 36 84
Szenecafé mit Alessi-Stühlen im Kuppelgewölbe. Cappuccino, Apfelkuchen und Sandwiches.

㉔ Gilan
Nurosmaniye Cad. 58
34410 (Cağaloğlu)
Tel. (02 12) 519 30 10
www.gilan.com.tr
Promi-Schmuckhändler vor dem Eingang zum Basar. Oberste Preisklasse. Selbst entworfene Ketten, Armbänder, Brillantringe.

㉕ Koç Leather Garments
Kürkçüler Çarşısı 22
Tel. (02 12) 527 55 53
www.kodceri.com
Lederjacken und -mäntel, Designer-Kopien, Maßanfertigungen.

㉖ Muhlis Günbattı
Perdahçılar Caddesi 48
Kapalıçarşı, 34440 (Beyazıt)
Tel. (02 12) 511 65 62
Teppiche und Kelims der oberen Preisklasse, Textilien aus Anatolien, Usbekistan und Tadschikistan.

㉗ Nebil Basmacı – Halıtur
Halıcılar Caddesi 97
Kapalıçarşı, 34440 (Beyazıt)
Tel. (02 12) 520 95 04
Kelims und antike Fliesen überwiegend aus Anatolien. Verkauf und Reparatur.

㉘ Nihat und H. Celal Açıkgöz
Sahaflar Bedesten
Kapı Sokak 15, Kapalıçarşı
34440 (Beyazıt)
Tel. (02 12) 512 29 41
www.hcelala.com
Decken, Tücher, Ethno-Jacken und Kittel nach alten Vorlagen.

㉙ Ziya Aykaç
Tekkeciler Sok. 68-72,
Kapalıçarşı, 34440 (Beyazıt)
Tel. (02 12) 527 60 82
Antiquitäten.

(Gerd-R. Lang, Uhrmachermeister und Gründer der Chronoswiss, München)

„Meine Uhren gehen alle hundert Jahre nach." Ich habe in mir eine gewisse Unruhe, die mich antreibt. Ich will nicht nur Uhren bauen, sondern sie fortlaufend verbessern. Das heißt nichts anderes, als sie auf den Stand der technischen Perfektion und Präzision zu bringen, auf dem sie vor 100 Jahren bereits waren. Der Schritt zurück also als Schritt nach vorn. Eine Philosophie, die Sie sonst mit der Lupe suchen können? In meinem „Buch mit dem Tick" finden Sie mehr darüber.

Istanbul:
CHRONOS, Süzer Plaza at the Ritz Carlton Hotel
Telefon (+90) 02 12 2 93 61 81
CHRONOS, Hotel Intercontinental
Telefon (+90) 02 12 2 32 60 52

Chronoswiss, Elly-Staegmeyr-Str. 12, D-80999 München,
Telefon (+49) 0 89 89 26 07-0, Telefax (+49) 0 89 8 12 12 35
www.chronoswiss.com

CHRONOSWISS
Faszination der Mechanik

Information

Tourismusministerium Die offiziellen Web-Seiten des Landes **www.tourismturkey.org**

Generalkonsulat In Istanbul und im Web präsent: das deutsche Generalkonsulat vor Ort **www.almanbaskonsoloslugu-istanbul.org.tr/de/home**

Istanbul Post Das Internet-Magazin in deutscher Sprache erscheint jeden Samstag **www.istanbulpost.net**

Unterkunft Praktische Hotelsuche alphabetisch und nach Stadtteil. Eine Online-Reservierung ist auch auf Deutsch möglich **www.istanbulshotels.com**

Öger Tours bietet als einziger deutscher Großveranstalter Städtereisen nach Istanbul an, über 50 Flüge pro Woche **www.oegertours.de**

Türkisch Die wichtigsten Redewendungen und Vokabeln **www.unterdemhalbmond.de/sprache/sprachf.html**

Stadtplan Detaillierte Karten zu einzelnen Stadtvierteln **www.freewebz.com/istanbul**

Währungsrechner Wie viele Millionen türkische Lira gibt es für einen Euro? **http://de.finance.yahoo.com/m5?a=1&s=EUR&t=TRL**

Wetter Durchschnittstemperaturen und Vorhersage des staatlichen Wetterdienstes für die nächsten drei Tage **www.meteor.gov.tr/pages/ISTANBULE.htm**

Verkehrsmittel

Turkish Airlines Flugplan, Buchung, Sondertarife, Gepäcksuche **www.turkishairlines.com**

Flughafen Moderner Web-Auftritt des neuen Atatürk Airports: Flüge, Service und Wege in die Stadt **www.ataturkairport.com**

Stadtverkehr Das Straßenbahn- und Busnetz der Metropole **www.iett.gov.tr**

Online-Portale

Explore Istanbul Eine der umfangreichsten englischsprachigen Sites für die Metropole. Außerdem interaktive Fotos mit 360° Rundumsicht **www.exploreistanbul.com**

Stadtverwaltung Auch für Besucher interessant: City Guide, Panoramabilder, Stadtplanung **www.ibb.gov.tr/ibbeng/index.htm**

Istanbul Guide Guter Veranstaltungskalender auf Türkisch und umfassender Hotelführer auf Englisch **www.istanbul.com.tr**

Biggistanbul Türkisches Portal für Events **www.bigglook.com/biggistanbul**

City Guide Jugendliches Portal mit Hotel- und Restaurantführer auf Englisch **www.istanbulcityguide.com**

Istanbul Foundation Das Kultur- und Festivalprogramm: Film, Theater, Musik, Jazz und Biennale **www.istfest.org**

Virtuelle Reisen

Virtual Istanbul E-Cards mit historischen Motiven, Souvenirs zum Bestellen per Mausklick und Führungen durch dreidimensionale Räume und Plätze **www.sanalistanbul.com**

Aysen.net Ausgezeichnete Seite der Webmasterin Aysen Doymaz: Istanbul Guide, Sitten und Gebräuche, ein Forum und viele Links **www.aysen.net**

Barbaros Gecer Die private Homepage gibt Besuchern wertvolle Tipps, von Taxifahren bis Shopping **http://privat. schlund.de/b/barbaros/Istanbul.htm**

Byzantinische Kirchen Bilder des Unsichtbaren – wissenschaftliche Texte zur byzantinischen Kunst in Istanbul **www.gzg.fn.bw.schule.de/lexikon/byzanz/contents.htm**

Galatasaray Istanbuls traditioneller Fußballclub mit zeitgemäßer Homepage und umfangreichem Video- und Tonarchiv **www.galatasaray-online.com**

Türkische Küche Die reich gedeckte Hasbaca-Website mit Infos zu türkischen Gerichten und Getränken **www.turk.ch/kueche**

Suchmaschine Die deutschsprachige Meta-Suchmaschine für die Türkei **http://ahtapot.de**

Internet-Cafés Über 20 Adressen von Cyber-Cafés zum Abfragen der E-Mail **www.netcafeguide.com/countries/turkey.html#Istanbul**

▶ Sämtliche Links direkt zum Anklicken unter **www.merian.de/magazin**

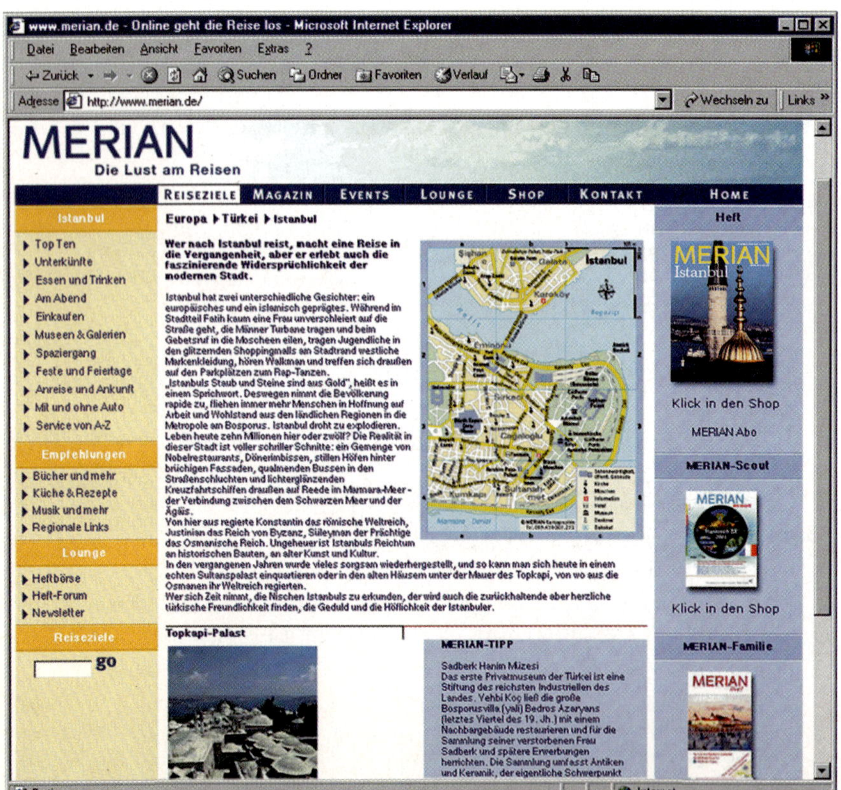

Mehr Informationen zu Istanbul und 5000 weiteren Reisezielen unter www.merian.de

November
Kunstbiennale
Im November beginnt alle zwei Jahre – wieder 2003 – die Istanbuler Kunstbiennale. Die Kulisse in der St. Irenen-Kirche, der Yerebatan-Zisterne und der Alten Münze ist sehenswert.
www.istfest.org/bienal/eng/bienalFrameset.htm

Religiöse Feste

Opferfest
Kurban Bayramı ist das wichtigste religiöse Fest des Islam. Es dauert vier Tage und verschiebt sich, entsprechend dem Kalender (islamischer Mondkalender), jedes Jahr zehn Tage rückwärts. Die Geschäfte haben geschlossen. 2003: 12.-15. Februar.

Ramadan
Der Fastenmonat orientiert sich ebenfalls am islamischen Mondkalender (2003 von Mitte Oktober bis Mitte November) und endet nach 30 Tagen mit dem dreitägigen Zuckerfest (Şeker Bayramı), an dem die Geschäfte geschlossen haben. Feiertag am 24. Tag des Ramadan.

Augen & Ohren

Bücher

Rose Marie Donhauser, Türkische Küche – einfach gut, Falken Verlag, 2000, 4,95 €
Kenntnisreiche Einführung in die traditionelle und moderne Esskultur am Bosporus.

Yaşar Kemal, Auch die Vögel sind fort, Unionsverlag, 2001, 7,90 €
Der Altmeister der türkischen Literatur erzählt vom Schicksal anatolischer Einwanderer in Istanbul und zeichnet melancholische Bilder von außergewöhnlicher Schönheit.

Klaus Kreiser, Istanbul. Ein historisch-literarischer Stadtführer, C.H. Beck, 2001, 24,90
Anhand unbekannter Texte aus der osmanischen Literatur beschreibt der Autor touristische Höhepunkte, die Menschen und den städtischen Alltag.

Zülfü Livaneli, Der Eunuch von Konstantinopel, Unionsverlag, 2000, 16 €
Der bekannte Musiker und Komponist zeichnet in seinem Debüt als Romancier ein düsteres Sittenbild des osmanischen Hofes: Ein Leben lang kämpft ein Sultan gegen seine Todesangst.

Helmuth von Moltke, Unter dem Halbmond, Edition Erdmann-Thienemann, 1984, 22 €
Der spätere preußische Generalfeldmarschall berichtet über seine Erlebnisse als Truppeninstrukteur am osmanischen Hof.

Aziz Nesin, Ein Verrückter auf dem Dach, C.H.Beck, 1996, 24,90 €
Sammlung der besten Stücke des türkischen Meistersatirikers aus 50 Jahren.

Christoph K. Neumann u.a., Merian live!, Istanbul, Gräfe u. Unzer, 2002, 7,95 €
Der kompakte Führer als Grundausrüstung.

Emine Sevgi Özdamar, Die Brücke vom Goldenen Horn, Kiepenheuer und Witsch, 1998, 9,90 €
Die Geschichte einer jungen Türkin zwischen Istanbul und Berlin 1968 ist auch die Geschichte der Verbindung zweier Kulturen. Das vielleicht beste Buch der Schauspielerin, Regisseurin und Autorin.

Emine Sevgi Özdamar, Mutterzunge, Kiepenheuer und Witsch, 1998, 7,50
Eine junge Berliner Türkin auf der Suche nach den Wurzeln ihrer Sprache.

Celil Oker, Schnee am Bosporus, Unionsverlag, 2000, 8,90 € und **Foul am Bosporus, Unionsverlag, 2001, 8,90 €**
Stadtkrimis vor der Kulisse Istanbuls mit Privatdetektiv Remzi Ünal.

Orhan Pamuk, Rot ist mein Name, Hanser, 2001, 27,90 €
Das bislang letzte ins Deutsche übersetzte Werk von Orhan Pamuk, dem derzeit populärsten türkischen Schriftsteller (s. S. 36) ist ein historischer Roman über die Miniaturmalerei, die sich im Osmanischen Reich wegen des islamischen Bilderverbots zur höchsten Blüte entwickelte.

Erinnerung an die Einnahme Konstantinopels durch die Osmanen 1453: das alljährliche Eroberungsfest im Mai

Orhan Pamuk, Das Schwarze Buch, Fischer, 1998, 9,95 €, nur noch antiquarisch
Pamuk erzählt in diesem literarischen Klassiker vom modernen Istanbul und seiner geschichtlichen Verankerung. Der Roman handelt von einem Mann, der seine Frau sucht und dabei die Abgründe der Stadt kennen lernt. Ein Muss für Istanbul-Liebhaber.

Musik

Sezen Aksu, The Wedding and the Funeral, Emarcy Rec. (Universal Vertrieb), 1999, 17,90 € (in Deutschland erhältlich)
Die Königin des türkischen Pop produzierte ihre jüngste CD zusammen mit Goran Bregovic.

Kudsi Erguner, Islam Blues, Act (EDEL), 2001, 16,87 € (in Deutschland erhältlich)
Harmonische Synthese zwischen mystischen und jazzigen Klängen. Der ausgezeichnete Flötist kommt aus der Tradition der Sufi-Musik.

Burhan Öcal, Sufi, Doppel-CD, Silenzio, 2002, 23 € (in Deutschland erhältlich)
Der Meister der türkischen Rohrflöte Ney.

D.E.F. Orkestra, Beatles Alaturka, Imaj, 2001, ca. 9 €
Beatles-Klassiker vom Altmeister des türkischen Pop, Fuat-Aziz Güner, und Freunden mit türkischen Instrumenten nachgespielt.

Trio Focan, Standard a' la Turc, EMI/Kent, 2002, ca. 9 €
Der Jazz-Gitarrist und Komponist Önder Focan ist auch international bekannt. Neue Kompositionen und klassische Jazz-Stücke.

Erensya Sefaradi, La Kula De Galata (Der Galata-Turm), Diskotür, 2001, ca. 9 €
Die Lieder der 1492 aus Spanien vor der Inquisition ins Osmanische Reich geflüchteten Juden werden von einer neuen Generation jüdischer Musiker neu belebt – Multi-Kulti-Klänge vom Feinsten.

Tarkan, Karma, Istanbul, Plak, 2001, 9 € (in Deutschland Megaphon, 2001, 16,87 €)
Der unumstrittene Star des türkischen Pop ist in Deutschland geboren und inzwischen in der ganzen Welt berühmt.

Kontakt

Karten aus den MERIAN-Heften sind unter Tel. (089) 450 00 72 72 oder unter geomatics@ipublish.de zu bestellen.

In den Wassern des Loire-Tals spiegeln sich verwunschene Herrensitze wie das Schloß Plessis-Bourré

Halali bei Cheverny: Im Herzen Frankreichs ist fast jeder ein Jäger

Wohnen beim Marquis: Wie Montgeoffroy nehmen viele Schlösser zahlende Gäste auf

- Essay: Die Geburt einer Landschaft aus dem Geist der Poesie
- Schlossbesitzer heute: adlig und durchgefroren
- Atlantikküste: Das schöne Ende eines großen Stromes
- Kunstmetropole Nantes: Die Provinz zieht Kreative an
- Romanische Kirchen: Die Gnade des Steinernen
- MERIAN Service-Magazin: Adressen, Reiseinformationen, Internet
- Mit großer MERIAN-Karte

Es folgen: Budapest, Golf von Neapel, New York

Zuletzt erschienen:

Mai 2002

April 2002

März 2002

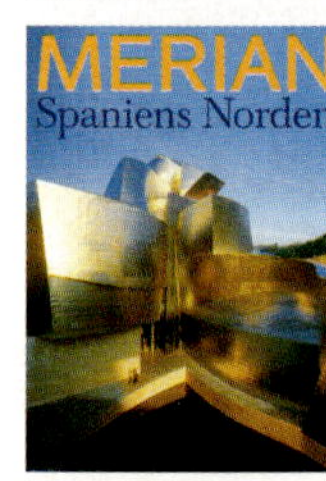

Februar 2002

Januar 2002

Dezember 2001